Mi hijo
es un adolescente

Mi hijo
es un adolescente

Joseph Knobel Freud

GRUPO ZETA

Barcelona • Madrid • Bogotá • Buenos Aires • Caracas • México D.F. • Miami • Montevideo • Santiago de Chile

1.ª edición: abril 2015

© Joseph Knobel Freud, 2015
© José Andrés·Rodríguez, 2015
© Ediciones B, S. A., 2015
   Consell de Cent, 425-427 - 08009 Barcelona (España)
   www.edicionesb.com

Printed in Spain
ISBN: 978-84-666-5642-9
DL B 6515-2015

Impreso por QP PRINT

INTRODUCCIÓN

Adiós a la infancia

¿Por qué es tan complicada la adolescencia? Esta es la pregunta que me hacen muchos padres cuando vienen a mi consulta, preocupados porque su hijo adolescente no come, es muy agresivo o pasa todo el día encerrado en su habitación enganchado a Internet. Pues la respuesta quizá sorprenda a muchos padres. Esta etapa de la vida es complicada porque el adolescente tiene que hacer frente al duelo de la pérdida de la infancia. ¿Le parece una respuesta extraña? Pues vamos a pensar un poco en lo que supone dejar atrás la infancia y encaminarse hacia la adultez. Sí, porque en eso consiste la adolescencia. Esta no es un invento para hacer la vida imposible a los padres. Muchos de los problemas y de los conflictos que sufren los adolescentes se deben a que se les pide que comiencen a convertirse en adultos. Y, por tanto, tienen que decir adiós al niño que fueron. Ya no disfrutan de los beneficios de la infancia. Adiós a los privilegios de que papá y mamá se encarguen de resolver casi todos los problemas; adiós al placer de la despreocupación; adiós al pensamiento omnipotente de los niños, que con sus fantasías se construyen un mundo tan maravilloso como irreal. Adiós a todo eso y, glups, hola a los problemas con mayúsculas de ser un proyecto de adulto, de tener que empezar a tomar decisiones importantes, de jugarse la autoestima en las relaciones de pareja, de... A los adolescentes, la vida les empieza a reclamar que se conviertan en adultos, que piensen en el futuro, que asuman que la infancia no será más que un recuerdo.

CUÁNDO COMIENZA Y ACABA LA ADOLESCENCIA

La pubertad, o adolescencia temprana, es el momento de la vida donde comienzan las separaciones reales y concretas. Es la línea de salida de la adolescencia. Los púberes comienzan a reclamar cierta distancia de los padres. Hasta ese momento, ir a un parque de atracciones, un cine o un teatro, constituían parte de las salidas familiares. Todo se hacía en familia, porque, para los niños, papá y mamá son casi todo lo que pueden necesitar en la vida. Pero el púber necesita quedar con sus amigos, ver sus propias películas, salir con su propio grupo, alejarse un poco del contexto familiar, y decimos «un poco» porque todavía necesita también a su familia. Ahí ya se produce una ruptura importante. Una ruptura que, como bien saben muchos padres, puede ser especialmente conflictiva. En esa ambivalencia de estar o no con los padres se mueve el adolescente y, sobre todo, el púber. Aún no ha salido del todo del mundo de los pequeños, y ya comienza a querer experimentar el mundo de los mayores. Ah, y por si fuera poco, el cuerpo de los púberes empieza a transformarse: pelos en el bigote y en el pubis, pechos que se desarrollan, voces que cambian, granos en la cara... Imagine (o, mejor, intente recordar) todo lo que suponen esos cambios, que van acompañados de auténticas tormentas hormonales. Si el deseo sexual y las relaciones de pareja traen de cabeza a los adultos, ¿cómo no van a trastornar a los adolescentes, que no tienen ninguna experiencia en ellas?

Así que a todo eso es a lo que se ve arrojado el niño que empieza a dejar de serlo. Y la verdad es que es más sencillo establecer cuándo empieza la adolescencia que cuándo acaba. La adolescencia empieza con la pubertad, como decía, cuando los niños viven los primeros cambios físicos que anuncian que están dejando de ser niños. Son cambios evidentes que anuncian que la adolescencia ya ha llegado. ¿Y cuándo acaba? La respuesta sencilla sería decir que la adolescencia termina cuando se cumplen 18 años. Pero no es tan sencillo. Porque un joven de 21 años que vive con sus padres, que depende de la paga semanal de estos, que sigue estudiando, que lleva la misma vida, en definitiva, que llevaba cuando tenía 17 años... ¿No sigue siendo un poco un adolescente? ¿En qué se diferencia? Sí, quizá más maduro, pero aún no es del todo adulto. No lo será, por lo menos según mi punto de vista, hasta que no entre definitivamente en el mundo de las responsabilidades adultas. El debut en la adolescencia está marcado por una serie de cambios hormonales y físicos que disparan una serie de cambios psicológicos y sociales. Pero el final de esta etapa depende mucho más de lo social, de las circunstancias. Por eso, el límite final de la adolescencia es mucho más difuso.

Para intentar precisar un poco más esta difícil frontera entre la adolescencia y la vida adulta, podríamos decir que la adolescencia es el período de tiempo que cada persona se toma para curarse de los cambios y crisis que la pubertad despertó e inauguró. O, dicho de otra manera, es el período de tiempo que necesita una persona para dejar atrás la infancia e introducirse en la adultez. Así que la duración de la adolescencia depende de cada adolescente. Sí, tiene usted razón, hay personas que siguen siendo algo adolescentes con 40 años o que no dejan de serlo nunca. Digamos que no se han decidido a asumir de verdad las responsabilidades adultas. Además, es verdad que cada vez cuesta más cerrar la etapa de la adolescencia, ya que los jóvenes alargan su vida académica, tienen más dificultades para incorporarse al mercado laboral o emanciparse... La sociedad no se lo pone sencillo para que puedan sentirse adultos de verdad.

En todo caso, este proceso de curación de la infancia es una verdadera crisis en el pleno sentido de la palabra. La adolescencia es una etapa llena de inestabilidades y confusiones. Los adolescentes difíciles (aunque quizá deberíamos decir los adolescentes «especialmente» difíciles, ya que la inmensa mayoría de ellos tienen conflictos) no lo son porque tengan como objetivo último hacer la vida imposible a sus padres. Lo son como consecuencia de un duelo por la pérdida de la infancia especialmente complicado.

De todos modos, no quiero pintar un panorama absolutamente sombrío de lo que representa la adolescencia. En este libro, claro, mi intención es hablar de los problemas más habituales que se dan durante la adolescencia y ofrecer algunas claves para que cada lector pueda reflexionar y llegar a sus propias conclusiones. No soy amigo de dar recetas sobre lo que la gente tiene que hacer, más que nada porque el psicoanálisis es la ciencia en la que cada caso tiene sus propias particularidades y, por suerte o por desgracia, no hay una solución única para todos. Pues, lo que decía, que la adolescencia no es solo problemas, conflictos, discusiones con los padres. También un momento extremadamente vital y fascinante en el cual se asentarán las bases de lo que luego será un adulto. Los adolescentes viven sus primeras experiencias amorosas, las grandes amistades, las nuevas sensaciones corporales y las primeras e intensas decepciones. Una etapa clave de su vida en la que tienen momentos de felicidad y de infelicidad y que, sobre todo, será fundamental para el resto de su vida.

LOS BENEFICIOS DE LA INFANCIA

Creo que vale la pena abundar un poco más en lo que representa la infancia para entender por qué el duelo del adolescente que la deja atrás es tan difícil. La adolescencia, como decía, es un viaje hacia la incierta y difícil vida adulta. Es un viaje que obliga a dejar atrás el universo infantil, que, aunque no siempre es plácido, tiene indudables ventajas. Los niños deben ocuparse de jugar, estudiar y disfrutar de la compañía de sus padres. Aún no tienen que enfrentarse a tomar grandes decisiones. Y se les permite vivir despreocupados. Además, no están sometidos a las tormentas hormonales que viven los adolescentes. Todavía no tienen que saltar al ruedo de las relaciones sentimentales y sexuales.

En cambio, los púberes empiezan a vislumbrar lo que supone la vida adulta. Empiezan a darse cuenta de que es mucho más difícil y ajetreada de lo que creían. Y, aunque sea a un nivel inconsciente, echan de menos su cómoda vida infantil. Cuando digo que los adolescentes echan de menos la infancia, que viven un duelo por la pérdida de ella, no estoy diciendo que se despierten por la mañana y se lamenten de «oh, qué lástima que ya no soy ese niño de 8 años que correteaba feliz por la casa...». No, este proceso de duelo se vive a nivel inconsciente. El adolescente no sabe por qué le pasa lo que le pasa, tampoco entiende sus cambios de humor, no sabe por qué quiere ser adulto ya para hacer lo que le dé la gana y a la vez tiene pánico a ello... A nivel inconsciente, echan de menos ser el centro de atención de sus padres. Echan de menos su cuerpo infantil porque les molesta que les crezcan los pechos de repente, que les salgan espinillas, que les cambie la voz... A los adolescentes les están reclamando que «venga, toma decisiones»; «estudia, que si no no llegarás a nada en la vida»; «plantéate de qué quieres trabajar»; «empieza a vivir tu sexualidad»; «ábrete camino en la sociedad»... Todo un cúmulo de circunstancias que no son sencillas ni para los adultos hechos y derechos. Y se sienten perdidos y rabiosos porque añoran la placidez de la infancia.

Insisto, esta melancolía de la infancia, este echar de menos los beneficios de ser niño, se da en un nivel inconsciente. Un adolescente agresivo no va a reconocer que siente miedo porque no sabe cómo enfrentarse a los retos que le plantea la vida. No va a reconocer que echa de menos el sentimiento de total protección por parte de sus padres del que gozaba apenas tres o cuatro años atrás. En muchos casos, la agresividad de un adolescente es un mecanismo de defensa para protegerse de ese miedo y de la tristeza que supone el duelo por la infancia perdida. Pero el adolescente no es consciente de ello. No es que tome la decisión de ser agresivo. Simplemente, su psique ha encontrado en la agresividad una forma de equilibrar ese miedo. Como otros adolescentes equilibran su miedo a las relaciones sociales encerrándose en casa o comiendo más helados de la cuenta.

Precisamente, el principal aspecto, a mi modo de entender, que distingue el trabajo de los psicoanalistas de otros profesionales de la salud mental es que nosotros estamos mucho más enfocados en los procesos inconscientes. Cuando vemos a un adolescente agresivo, no pensamos en cuál es la mejor manera de castigarle. No nos centramos únicamente en dejar que dé patadas a la puerta de su habitación o que deje de gritar a sus padres. Claro que también queremos que deje de hacerlo, que se reduzca su agresividad. Pero, para ello, nos planteamos cómo podemos ayudarle a elaborar y manejar su miedo. Porque, si siente menos miedo, no estará tanto a la defensiva y, por tanto, será menos agresivo.

¿EXISTEN LOS ADOLESCENTES QUE NO SON COMPLICADOS?

La adolescencia es complicada porque tiene que ser complicada. No se engañe. No hay adolescentes que no tengan conflictos, que no estén de buen humor a las diez de la mañana y completamente insoportables dos horas más tarde sin motivo aparente, que no se miren en el espejo y un día se gusten y otro se odien, que no le lleven la contraria a los padres de vez en cuando... Y si un adolescente parece libre de los conflictos y las luchas propias de esta etapa de la vida... seguramente haya que mirar con lupa, y aparecerán. Porque la adolescencia es una etapa conflictiva por definición, porque se está diciendo adiós a la infancia y se está entrando en la vida adulta. Imagine que a usted lo despiden de un trabajo en el que llevaba años cómodamente instalado. Es el único trabajo que ha tenido en su vida. Era fantástico, disfrutaba de un buen ambiente con sus compañeros, estaba relativamente bien pagado, usted ya sabía lo que tenía que hacer, así que no sufría mucho estrés... Y, ahora, su nuevo trabajo es todo lo contrario. Debe enfrentarse a decenas de importantes decisiones cada día, los compañeros están tan estresados y malhumorados como usted, si mira hacia el futuro ve aún más trabajo y difíciles responsabilidades... Ese es el día a día de los adolescentes. Aunque muchos de ellos se sientan ya capaces de hacer lo que les dé la gana, aunque presuman de madurez, en realidad, la inmensa mayoría, están asustados por lo que se les viene encima. Quieren salir a las tantas, porque ellos «controlan», pero quieren que papá y mamá los protejan.

Es que tiene su miga ser adolescente... Como decía antes, si para un adulto de 40 a 50 años, las relaciones de pareja pueden ser una montaña rusa, imagínese para un adolescente, que aún no tiene experiencia. Y lo mismo en su primer trabajo. Y lo mismo en sus primeras responsabilidades en la casa. Y lo mismo en los primeros conflictos con sus amigos, que están pasando por la misma revolución personal/hormonal que él. Los adolescentes deben enfrentarse por primera vez a muchos problemas y situaciones complicadas.

ELABORAR LOS DUELOS

Y todo esto pasa, por si fuera poco, cuando su cuerpo está viviendo una transformación total por fuera y por dentro. En el interior de los adolescentes se produce una revolución hormonal. Y, por fuera, ven como les sale vello en la cara, el pubis y las axilas; ven que crecen y crecen y están muy delgados o que están más gorditos que sus amigos; sienten las miradas lascivas sobre sus pechos o las bromas que los demás hacen sobre ellos... En buena parte, el cómo se desarrolle la adolescencia depende de cómo se van elaborando y aceptando estos cambios corporales.

Duelos, duelos y más duelos por el cuerpo infantil que se pierde y por las ventajas de ser niño. Duelos que explican los conflictos que se viven y se hacen vivir durante la adolescencia. Los adolescentes deben elaborar estos duelos. Es decir, deben pasar por un tiempo conflictivo en el que van aceptando lo que están perdiendo y los cambios que se están produciendo en su vida. No hay soluciones mágicas para acelerar estos duelos o para reducir los conflictos. A muchos padres les cuesta aceptar que la adolescencia es una etapa conflictiva por definición porque, por ponerle un titular, es un período de crisis.

Por tanto, según mi punto de vista, no tiene sentido pedirle a un adolescente que no sea conflictivo. En mi opinión, la mejor manera de evitar que una adolescencia normal (y, por tanto, conflictiva) se convierta en una adolescencia especialmente problemática es que los padres acepten que sus hijos son adolescentes. En mi opinión, no hay que tratarlos todavía como niños ni como adultos. Hay que asumir que un adolescente puede tener un comportamiento maduro durante una semana, pero estar de un humor de perros sin motivo alguno otro día o querer que mamá le haga la cena y lo mime como el niño que fue. Viven en una montaña rusa emocional. Y los padres tienen que armarse de paciencia y mano izquierda.

ADIÓS PAPÁ Y MAMÁ PERFECTOS

Hay que mencionar otro duelo muy importante por el que pasan los adolescentes y del que, en la inmensa mayoría de las ocasiones, los padres no son conscientes. Los adolescentes pierden a los padres que tenían cuando eran niños. Sí, porque para un niño sus padres son perfectos, maravillosos, omnipotentes. Los niños siempre buscan la aprobación de sus padres porque dependen casi absolutamente de su amor. Y, por otro lado, cuando tienen hambre, papá o mamá (oh, milagro) aparecen con un plato de comida para ellos. Y el adolescente empieza a darse cuenta de que esto no es así, de que no va a ser siempre así. Toman consciencia de que sus padres cometen errores, que también se sienten perdidos, que no les pueden solucionar todos los problemas que se presentan en la vida. Esta pérdida de una imagen ideal de los padres explica, en buena parte, tantas y tantas peleas entre padres e hijos adolescentes. Los adolescentes se pelean contra el padre que están perdiendo y a la vez contra el padre que quiere imponer su orden.

UNOS PADRES A LOS QUE ENFRENTARSE

Pero, aunque usted ahora vaya a arquear una ceja de incredulidad, es absolutamente saludable y necesario que los adolescentes se enfrenten a sus padres. Sí, se lo explico. Como comentaba, los adolescentes tienen que recolocar a sus padres. Estos pasan de ser seres maravillosos a ser seres imperfectos. Pero, por otro lado, los padres tienen que mantenerse en su posición de autoridad. Y la autoridad, como seguramente bien sabrá usted ya, suele ser mucho más sencilla de ejercer con los niños que con los adolescentes. Por eso se producen tantos conflictos entre padres e hijos adolescentes. Estos sienten rabia porque sus padres se han caído del pedestal. Pero este proceso, aparte de ser lo normal, es lo deseable.

Probablemente, usted ya haya leído u oído más de una vez que la falta de límites está generando muchos problemas a los niños y a los adolescentes hoy en día. Poner límites significa delimitar el campo de acción de los hijos. Los adolescentes, a pesar de que cada vez son más adultos y, por lo tanto, pueden tomar cada vez más decisiones, no pueden hacer siempre lo que les venga en gana. Hay que establecer unos límites entre lo que pueden y lo que no pueden hacer. Límites sobre los horarios de entradas y salidas en la casa, límites sobre las tareas del hogar que deben asumir, límites sobre lo que pueden y no pueden hacer.

Muchas veces, no es fácil establecer esos límites, porque los adolescentes no están de acuerdo con ellos o no los cumplen. Así que se producen conflictos... que, como señalaba, son necesarios. Porque, por un lado, interiorizar límites tranquiliza. Un adolescente sin límites es un adolescente que tiene una psique caótica. No ha interiorizado qué puede hacer y qué no puede hacer. Así que vive en un vaivén de deseos y de sentimientos. Se siente perdido. Aunque les fastidie que les digan que tienen que apagar la televisión a las nueve, cenar e irse a dormir, esta estructuración del tiempo, de lo que está permitido y lo que no está permitido, es fundamental para que el andamiaje de su psique se construya de forma sólida. Imagine que usted llega a un trabajo nuevo y nadie le dice qué tiene que hacer, a qué hora se entra y se sale, cómo se medirán sus resultados... ¿No le angustiaría? Parece la libertad absoluta (que es lo que los adolescentes *creen* que quieren), pero, en realidad, es una condena al caos y a la angustia. Pues lo mismo les pasa a los adolescentes a los que no se les pone límites, que se les condena a una adolescencia especialmente difícil.

Además, cuando un adolescente se enfrenta a los límites que le ponen sus padres, está reafirmando su personalidad, sus ideas. Se está buscando a sí mismo, diciendo lo que le gusta y lo que no le gusta, lo que haría y lo que dejaría de hacer. En este sentido, está edificando sólidamente su personalidad, su autoestima. Pero, para ello, necesita padres que le pongan límites, que le transmitan criterios, que le digan «nosotros te decimos que esto hay que hacerlo así»… para que el adolescente diga a veces que «vale» y otras se revuelva contra esos criterios. Así, gracias a esta dinámica, se va convirtiendo en el adulto que quiere ser a pesar de que, en el camino, tenga que seguir, la mayoría de las veces, los criterios que le imponen sus padres. Como los profesores en el colegio, que obligan a los alumnos a hacer los deberes aunque estos crean que no les hace falta o preferirían estudiar Historia y no Matemáticas. Todo lo que los adolescentes hacen sin querer hacer (porque sus padres, tutores, tíos… se lo dicen) les enseña disciplina, les enseña que uno no puede hacer lo que quiere, les enseña que hay que pactar con la realidad… y les obliga a pensar por ellos mismos y a plantearse qué quieren de la vida.

Imaginemos la típica situación en la que el hijo adolescente se niega a colaborar en las tareas de la casa. Es evidente que un chico de 15 años no puede vivir en casa como si estuviera en un hotel. Algo tiene que hacer. Y muchos padres tienen serios problemas para que sus hijos adolescentes cumplan con las tareas del hogar encomendadas. En estos casos, hay que insistir en el «tienes que bajar la basura» o «tienes que ir a hacer la compra». Hay que empeñarse en que el adolescente acepte ese límite, esa orden, lo que tiene que hacer. No solo por el hecho de bajar la basura en sí, sino, sobre todo, porque los límites son muy saludables para su salud mental y su desarrollo personal.

Insisto, porque esta idea me parece absolutamente fundamental: los niños y los adolescentes que interiorizan los límites que les ponen sus padres crecen mucho más saludablemente. Porque los límites les permiten que su psique se estructure con cimientos sólidos. Los límites dan seguridad, tranquilizan, hacen sentir a los adolescentes que están en un terreno sólido. De acuerdo que les frustran, de acuerdo que les generan rabia, de acuerdo que se pueden *rebotar*. Pero los límites son inyecciones de seguridad. La mejor manera de aprender a manejar la frustración (uno de los grandes problemas de los adolescentes de la actualidad). A corto plazo, quizá genera más conflicto poner el límite que no ponerlo. Pero a medio y largo plazo, poner límites ayuda a que los adolescentes asuman con más tranquilidad que hay cosas que no pueden hacer. Aprenden a manejar la frustración, una lección que les será muy útil durante el resto de su vida, ya que la realidad no les va a permitir siempre hacer lo que les venga en gana. Del mismo modo que a los niños pequeños llega un momento en el que hay que empezar a enseñarles que no pueden comer chocolate siempre que les apetece. Pero hay que hacerlo. Porque los niños viven en el universo del deseo. Intentan hacer siempre lo que les apetece, sea comer chocolate, tirar comida al suelo o levantarse de la mesa para salir corriendo a jugar. Pero los padres saben que tienen que enseñarles que hay cosas que deben hacer y otras que no pueden hacer. O, en caso contrario, luego les costará mucho más. Y esto pasa a menudo: padres que tienen muchos problemas de autoridad con sus hijos porque, durante la infancia de estos, no la ejercieron. ¿Qué ocurre? Que las discusiones y los enfrentamientos con los adolescentes son mucho más dramáticos. Aunque decirle a un niño pequeño que no puede comer chocolate cause una pequeña discusión, es saludable que aprenda que hay que comer a determinadas horas. Porque eso es la vida. Hay que comer a determinadas horas, hay que trabajar a determinadas horas, toca diversión a determinadas horas. Y hay que preparar a los niños y a los adolescentes para la vida real, no para que hagan siempre lo que les apetezca.

Por eso, como decía el psicoanalista Donald Winnicott, es saludable que los hijos tengan un padre al que enfrentarse. Si no hay alguien que establezca qué es lo que está permitido y lo que está prohibido, qué es lo bueno y lo malo, ¿cómo van a aprenderlo los hijos?, ¿de la televisión? Al marcar límites, los padres ayudan a que en la psique de sus hijos se formen estas categorías mentales que tan necesarias son para la vida. En caso contrario, los adolescentes vivirán en el terreno del todo vale, y sabemos que eso no es posible.

Además, los adolescentes piden a gritos que sus padres les pongan límites. Sí, cuando gritan a sus padres, cuando están rabiosos, en el fondo eso es una llamada de auxilio para que les tranquilicen con un límite. Cuando un adolescente comete una trastada o se declara en rebeldía, hay una parte de sí mismo que agradecería que le pusieran un dique a su deseo y a su ansiedad. Porque los límites son las mejores pastillas calmantes. Del mismo modo que los niños pequeños pueden estar muy irritables cuando están cansados. Necesitan que alguien les ayude a relajarse, que alguien les diga: «Venga, ahora tienes que ir a la cama», aunque ellos protesten y digan que quieren seguir jugando. La madre intenta acostar a su hijo y este protesta. Quiere más *marcha*, pero necesita tranquilidad. Pues un adolescente quizá cree que quiere hacer lo que le dé la gana, pero su psique necesita la tranquilidad de los límites.

Y por eso, repito, necesita un padre al que enfrentarse. No hay que sentirse culpables como padres por vivir enfrentamientos con los hijos. No estoy diciendo, por supuesto, que haya que convertir la relación con los hijos en una lucha continua. Lo que digo es que, de vez en cuando, hay que mantenerse firmes, explicar los criterios y no dejar que los hijos se los salten. Ya sea la madre, el padre o ambos. O un día la madre y otro el padre. Da igual. Los adolescentes necesitan el enfrentamiento con los padres. Necesitan que les delimiten lo que pueden hacer y lo que no pueden hacer. Necesitan que los frustren. Con amor, con sentido del humor, con respeto... Cada padre tiene su estilo. Hay padres que tienen un muy buen sentido del humor, y eso ayuda. Hay padres que son más serios, y eso no tiene por qué ser malo. Pero siempre hay que poner límites. No hay que rehuir ese enfrentamiento, porque, en ese caso, se le haría un flaco favor a los hijos.

Ah, pero tenemos un problema. Y es que muchos padres tienen serias dificultades para ejercer la autoridad porque, claro, no es agradable tener que enfrentarse a los hijos ni sencillo manejar los conflictos resultantes. Cada vez más padres no se atreven a marcar un límite y decirle a su hijo: «Por aquí no puedes pasar.» Se sienten violentos. Quizá por su propia historia personal, porque tuvieron un padre excesivamente autoritario, y, cuando se sorprenden a sí mismos poniendo límites, inconscientemente recuerdan a su padre, se sienten como su padre, algo que les genera incomodidad y rechazo. Y, por tanto, huyen de ello. Tampoco los tiempos que corren ayudan mucho a ejercer la autoridad, porque da la impresión de que esta está mal vista, de que todo debe ser diálogo y diálogo... Por supuesto que hay que dialogar con los hijos, claro que hay que pactar, pero los padres tienen la obligación de ejercer la autoridad y marcar los límites de esas negociaciones. Además, otro factor es que muchos padres intentan compensar la falta de dedicación a sus hijos, de ejercer la paternidad con todas sus consecuencias, consintiéndoles todo lo que estos desean.

Les voy a contar una cosa. En mi consulta veo que muchos padres se sienten culpables. Se sienten culpables porque no tienen tiempo para sus hijos, se sienten culpables porque creen que no son buenos padres, se sienten culpables porque tienen sentimientos ambivalentes sobre la paternidad. Ambivalentes en el sentido de que quieren a sus hijos, pero hay exigencias de la paternidad que se les hacen muy pesadas. Tanto que, en ocasiones, algunos padres desearían no haber tenido hijos. Sentimientos que, por otro lado, son comprensibles. No convierten a nadie en un mal padre. Es normal albergar sentimientos ambivalentes en casi cualquier aspecto de la vida. Un hombre puede estar profundamente enamorado de su mujer, pero desear a otra. Una persona puede amar su trabajo, pero no tener ganas de trabajar un lunes por la mañana. El problema es que la culpabilidad es muy mala consejera. Hace tomar malas decisiones. Hace tomar decisiones para evitar sentir culpa, en lugar de en función de lo que es necesario hacer. Y es necesario ejercer la autoridad como padres.

CUANDO LOS ADOLESCENTES SON... LOS PADRES

Esto que acabo de comentar conecta con otro fenómeno que observo con frecuencia hoy en día, el de los padres adolescentes, ya que, en muchos casos, los padres retornan junto con sus hijos a esa etapa de su vida. Esto sucede cuando los padres no pueden tolerar el paso del tiempo que representa tener hijos adolescentes, o bien, como pasa en muchos casos, cuando los padres suponen que para mejorar su comunicación con los hijos tienen que hablar su mismo idioma. Así como es bastante típico encontrarnos con adultos que frente a un bebé de meses le dicen «ajo, ajo, gu, gu, gu...», no es menos difícil encontrarnos con padres de adolescentes que añaden a su vocabulario giros, expresiones y hasta maneras de hablar de tipo adolescente. Quieren convertirse en amigos de sus hijos, ser sus colegas, ser padres de «buen rollo» porque creen que es lo moderno, porque, claro, ellos no se van a comportar como esos señores en blanco y negro que fueron sus padres, que les decían lo que tenían y lo que no tenían que hacer.

Lo que no se plantean esos padres-colegas es que sus hijos no quieren tenerlos como amigos, entre otras cosas, porque ya tienen amigos y, en cambio, solo tienen a sus padres como padres. Como decía, parece que lo moderno es casi ser amigos de los hijos, pactar todo con ellos. Claro que hay que pactar muchas cosas con los hijos. Por supuesto que hay que dialogar con ellos. Pero no siempre es posible hacerlo. A veces, muchas veces, hay que poner un límite y no moverse de él. A veces hay que decirle a los hijos: «No puedes hacer esto.» Y este posicionamiento, aunque sea fuente de conflicto, es absolutamente saludable para los hijos adolescentes.

Adolescentes en pie de guerra

¿Poner en cuestión las reglas o sentir que se necesitan más que nunca? Este es solo un ejemplo más de que los adolescentes se encuentran en una permanente oscilación. Ponen en cuestión las reglas del mundo adulto porque necesitan reinventarlas. Necesitan hacerlas propias pero desde otro lugar, el suyo, y no el de los padres y otros adultos. A lo largo de su crecimiento, los niños han aprendido de sus adultos una serie muy larga de normas o leyes que van desde la forma de comer hasta cómo se debe saludar, qué hora es la indicada para dormir, qué ropa es la necesaria para salir según las ocasiones y la temperatura... Normas que van a facilitar la convivencia de los niños con su familia y que forman parte de su patrimonio conductual al debutar en la adolescencia. Es entonces cuando van a enfrentarse a estas normas de un modo u otro. Las cuestionarán, se plantearán que por qué tienen que respetarlas, buscarán alternativas... Pero ¿qué sucede si estas normas no le han sido enseñadas al niño? En primer lugar, ese adolescente no tendrá nada a lo que enfrentarse. Y ya he señalado que los adolescentes necesitan enfrentarse a sus padres y a las normas que estos les quieren imponer.

La excesiva permisividad es vivida por los adolescentes como una falta de atención. Y puede significar, en realidad, una verdadera despreocupación por parte de los padres. Claro que un exceso de autoridad, cierta desmesura a la hora de enseñar ciertas reglas, tampoco es saludable. Recuerdo el caso reciente de una adolescente que tenía problemas en el colegio. Su tutora se dio cuenta de que nunca hacía los deberes que se suponía que tenía que hacer en casa. Y no prestaba atención en clase. Siempre estaba en la luna y obtenía muy malas notas. Hablé con sus padres y estos me comentaron que nunca le preguntaban a su hija si hacía los deberes o no, ni conocían sus horarios o sus amigos, ni qué hacía su hija con estos. En este caso, como en muchos otros, el fracaso escolar es una forma de llamar la atención, una llamada de auxilio por parte de la chica para que alguien se ocupe de ella y de su falta de límites.

En cambio, tuve el caso de un adolescente que siempre hacía sus deberes a la perfección y obtenía unos resultados académicos excelentes. Quizás era demasiado perfeccionista (aunque este es un problema que no suele llamar la atención en la escuela). Su problema aparecía a la hora del patio, ya que era incapaz de jugar con otros adolescentes. Precisamente, su tutor había citado a los padres porque el chico nunca acudía a las colonias. Los padres se excusaban diciendo que «siempre le enseñamos a hacer cosas útiles. Estudiar es bueno, pero salir de colonias no es productivo. Nuestro hijo no necesita amigos, lo que necesita es estudiar mucho y nada más». Como es lógico, esto es una verdadera barbaridad. Claro que hay que enseñar a los adolescentes el valor de la disciplina, pero también hay que dejar que sean adolescentes, que es lo que son. Y eso implica que estén con sus amigos, entre otras cosas.

DEJE QUE SU ADOLESCENTE SEA ADOLESCENTE

Ni son niños ni son adultos. Y eso es lo que descoloca a muchos padres. Se dan cuenta de que ya no pueden tratar a sus hijos como los niños que fueran, pero también ven que no son todavía adultos. ¿Y qué sucede? Que muchos padres están descolocados, ya que no saben cómo manejar esta indefinición. No saben qué hacer con los cambios de humor de sus hijos, con que un día parezcan tan responsables y otro solo hagan travesuras. Claro que hay que ponerles límites, pero hay que aceptar que no son adultos. Hay que aceptar, aunque parezca una perogrullada, que son adolescentes.

La adolescencia es un continuo duelo por la infancia que se está dejando atrás. Y uno de los duelos que hay que realizar es por la pérdida de la omnipotencia infantil. Los niños solo ven el mundo a través de sus deseos. Creen que los demás viven en función de sus deseos. Por eso, no entienden que sus padres les nieguen todo lo que desean. Por eso lloran cuando papá no les compra el juguete que acaban de ver en un escaparate. Una de las tareas principales de los padres es ayudar, poco a poco, a que sus hijos vayan dejando atrás esa omnipotencia. Ese lo quiero y lo tengo. Por eso, los niños pequeños pueden jugar tanto rato solos. Porque se refugian en su mundo de fantasía, en el que, al contrario que en el mundo real, pueden ser lo que les dé la gana. Gritan, saltan, hablan... como si estuvieran en otro mundo. Porque, realmente, están en otro mundo. Un mundo en el que ellos crean las reglas a su antojo. En el que ellos son omnipotentes.

Y, claro, cuesta renunciar a esa satisfacción de omnipotencia que la realidad nos niega. Para un adolescente, la realidad es un territorio demasiado castrador. Limita demasiado. Necesita refugiarse, como mínimo de vez en cuando, en el mundo de la fantasía. En el mundo de los libros, de los videojuegos... Los adolescentes, del mismo modo que todavía no son adultos, no han dejado de ser niños del todo. De ahí esa tendencia a la ensoñación tan típica de la infancia y que saca de quicio a los padres. Por eso a esta etapa de la vida se la llama «la edad del pavo», porque, verdaderamente, a veces los adolescentes están un poco en babia. De ahí que un adolescente se coma el mundo un día, y al siguiente quiera refugiarse en su habitación con su música. Todos estos cambios y altibajos son los que descolocan a muchos padres, que, entonces, cometen el error de entrar en la habitación y enfadarse con su hijo. Por eso digo que hay que dejar que los adolescentes sean adolescentes. Hay que permitir que, de vez en cuando, entren en esos estados de ensoñación, que no tengan ganas de nada más que de ver la televisión, que estén de mal humor sin motivo aparente. Son cosas normales. En estos casos, lo mejor, creo yo, es dejar que se le pase el mal humor o pensar que mañana será otro día y ya no querrá estar en la habitación. Otra cosa, claro, es que se encierre en la habitación todo el fin de semana cada fin de semana. Pero si un adolescente, por ejemplo, un día está de un humor de perros, no creo que tenga sentido querer obligarle a que deje de estarlo. Mejor esperar a que pase esa tormenta tan típica de esta etapa de la vida. Los adolescentes fantasean, sufren crisis religiosas, abrazan ideales imposibles, se plantean el sentido de la vida, un día son felices y el otro lo ven todo negro, un día adoran a mamá y otro no quieren ni verla... Si los padres no quieren amargarse la vida, van a tener que aceptar estos vaivenes.

Otra cosa que fastidia a muchos padres es la desubicación temporal de sus hijos adolescentes. El tiempo es una categoría que los adultos tenemos adquirida y que es absolutamente fundamental para movernos por el mundo. Lo interesante de esta categoría es ver cómo los niños la van adquiriendo poco a poco. Por ejemplo, es muy habitual que un niño de 5 años se refiera siempre al pasado como «ayer» y al futuro como «mañana». Da igual que ese pasado fuera dos horas atrás. Lo que quiero decir es que interiorizar el sentido del tiempo... lleva su tiempo. Y, vuelvo a lo mismo, el adolescente está dejando de ser niño. Por eso, un adolescente de 12 años suele tener problemas con el tiempo. Se le pasa el tiempo volando, se pasa dos horas en el baño, se olvida de que tenía que estar a las siete en casa... No llega tarde a casa (por lo menos siempre) porque desafíe a sus padres. Muchas veces, no son más que despistes porque no sabe manejar el tiempo.

DEJE QUE SU ADOLESCENTE SEA, DE VEZ EN CUANDO, COMO UN NIÑO

En su transición hacia la vida adulta, en su duelo por la infancia perdida, los adolescentes sufren lo que los psicoanalistas llamamos «regresiones». La regresión es un mecanismo de defensa que explica que los adolescentes se comporten muchas veces como niños. De repente, ese adolescente que parecía dispuesto a comerse el mundo de los adultos quiere que mamá le prepare su plato favorito y se lo lleve a la cama porque está viendo una película. El adolescente, aunque tenga como meta final entrar en el mundo de los adultos, da algún que otro paso atrás en su camino. Y esos pasos atrás son normales y necesarios para que pueda elaborar el duelo por la infancia que está perdiendo. Del mismo modo que miramos con tristeza las fotos de las vacaciones para revivir, aunque sea en la fantasía, esos días tan maravillosos y despedirnos de ellos. Hay que permitir que, de vez en cuando, el adolescente se comporte un poco como un niño. Es, para él, una necesidad psicológica. Es como un alto en el duro camino hacia la adultez. De este modo, al revivir momentáneamente su infancia, puede despedirse de ella. Hay que dejar que salga ese niño que todavía está en el fondo de su inconsciente. Hay que dejar que surja esa fuerza vital del niño, esa inocencia y energía (que, por cierto, también vive en el fondo del inconsciente de los adultos).

LOS TRES TIPOS DE SUFRIMIENTO EN LA ADOLESCENCIA

La adolescencia, por definición, es una etapa de sufrimiento. Pero eso no significa que tenga que ser un infierno. Por eso suelo decir que se pueden dar tres tipos de sufrimiento durante la adolescencia. El sufrimiento moderado, que es el esperable durante esta etapa de la vida, se caracteriza por los conflictos por el propio cuerpo, con los padres, con el futuro... Luego estaría el sufrimiento intenso, que sería el que se da en una adolescencia complicada, en la que la intensidad de esos conflictos se multiplica. Y, por último, está el más grave de los sufrimientos, que es el sufrimiento patológico de los adolescentes que padecen enfermedades mentales graves, como adicciones, depresión, trastornos alimenticios...

Para el sufrimiento moderado, típico de la adolescencia, creo que una buena estrategia es acompañar a los hijos desde la posición de padres mientras pasa la tormenta de esta etapa de la vida. La adolescencia suele *curarse* con el tiempo. Creo que, en estos casos, los padres tienen que evitar enfrentamientos innecesarios, marcar límites, hacer sentir a sus hijos adolescentes que se pueden sentir acompañados, aunque sea un poco desde la distancia. Y, para las adolescencias complicadas o marcadas por trastornos mentales, recomiendo, además de todo esto, buscar la ayuda de un profesional de la salud mental.

El duelo es todo un verdadero trabajo psíquico que cada persona debe realizar ante la aparición de un cambio y, por lo tanto, de una pérdida. El trabajo del duelo pasa por ir aceptando poco a poco la situación nueva y la pérdida que esta ocasiona. Y esto es lo que ocurre en los adolescentes. Muchas veces, este trabajo de duelo queda entorpecido y, entonces, como iremos viendo a lo largo del libro, los adolescentes se deprimen, tienen problemas con la comida, no quieren ir al colegio...

UNO NUNCA TIENE EL HIJO QUE HABÍA SOÑADO

Pero si los adolescentes tienen que hacer el duelo por la infancia que pierden, los padres también deben enfrentarse a su propio duelo. El duelo debido a que en la mayoría de los casos uno no tiene el hijo con el que había soñado. Porque ese hijo, libre de conflictos y angelical, casi como si fuera un niño perfecto pero en el cuerpo de un adolescente, no puede existir. Es algo que veo mucho en mi consulta. Padres tristes o decepcionados porque pensaban que su hijo adolescente sería diferente. «Mire que lo queremos con locura, mire que le damos todo lo que necesita.» Sí, los adolescentes son complicados, raros y, a veces, inaguantables. Pero no me resisto a reproducir la respuesta de un adolescente que sorprendió a sus padres diciendo eso de que uno no tiene el hijo que había soñado. Y les dijo: «Ni un hijo tiene nunca a los padres con los que había soñado.»

¿Cómo hablar con un adolescente?

Uf, quizá piensan muchos padres. Hablar con un adolescente... Pues depende del día, ¿no? Seguramente, hay días en que su hijo adolescente está la mar de comunicativo. Las conversaciones entre usted y él fluyen. Llegan a acuerdos. Dialogan. En fin, que se entienden. Pero otros días, muchas veces sin motivo aparente, su hijo adolescente le salta al cuello cuando usted le pregunta, inocentemente, si ya ha bajado la basura. O no recibe más que la callada por respuesta cuando usted le pregunta, porque le ve de un humor raro, si todo va bien. No siempre es sencilla la comunicación con los adolescentes porque estos pasan de estar muy comunicadores a encerrarse en sí mismos o, lo que es más estresante para muchos padres, a mostrarse agresivos.

¿Y SI NO QUIERE DECIRNOS NADA?

Pasa muchas veces. Los adolescentes tienen tendencia a refugiarse en una especie de mutismo. A no decir nada o a responder con monosílabos cuando sus padres les preguntan si están bien, si todo va bien con sus amigos, si todo va bien en la escuela. Da la impresión de que no quieren hablar, de que solo desean que los dejen tranquilos. ¿Qué hacer cuando un adolescente no quiere hablar? Pues, en este caso, no veo más opción que aceptar que su hijo no quiere hablar. Así de sencillo.

Normalmente, este mutismo se produce cuando la conversación trata sobre temas personales del adolescente, como si está bien con los amigos o consigo mismo. Y muchos padres se sienten agredidos por el silencio de su hijo. «¿Por qué no me habla? Soy su madre, con lo mucho que lo quiero y me hace esto a mí...» En la inmensa mayoría de los casos, cuando un adolescente entra en una fase de mutismo no lo hace para fastidiar a sus padres. Entiendo perfectamente que un padre se sienta mal porque está intentando hablar con su hijo, está intentando comprender qué le sucede, y su hijo no abre la boca o se limita a responder con monosílabos o evasivas. Es frustrante y, por otro lado, es comprensible sentirse agredido. Pero, más allá de esta comprensible reacción, hay que intentar pensar por qué un adolescente se comporta de esta manera. Los adolescentes no se comportan así para molestar a sus padres (o, por lo menos, no siempre). Si un adolescente no dice nada cuando los padres le preguntan: «¿Todo bien?», «¿Cómo estás? Te vemos triste», «Hace mucho que no sales con tus amigos, ¿tienes problemas con ellos?», es porque no sabe qué responder a esas preguntas. Se queda atascado, bloqueado, como el niño pequeño (que aún sigue siendo en cierta medida) al que cogen haciendo una trastada.

Como ya he señalado en la introducción, uno de los aspectos definidores de la adolescencia son los cambios de humor que viven los adolescentes. Por la mañana se despiertan de un humor de perros, no hay quien se atreva ni a mirarles, y por la tarde están de un humor maravilloso.

¿Qué ha pasado por el camino? Nada. Por lo menos, nada en la realidad exterior del adolescente. Quizá, simplemente, que se han calmado un poco las aguas de su tormenta interior. Hay padres verdaderamente intuitivos que logran desarrollar un sexto sentido para detectar cuándo su hijo está en una de esas fases de humor de perros y, de este modo, evitar temas espinosos. Son padres hábiles que saben que es mejor sacar el tema de las notas o de los horarios al día siguiente, porque su hijo tiene aspecto de estar intratable, y saben que cualquier diálogo, por muy prudentes que sean, va a acabar como el rosario de la aurora. Insisto en que si el adolescente se refugia en el silencio es porque muchas veces no sabe lo que le pasa. No sabe por qué se ha despertado de mal humor, no sabe por qué le apetece quedarse encerrado en su habitación en lugar de salir con sus amigos, no sabe por qué todo le parece un sinsentido de repente. Y, como no sabe lo que le pasa, no puede articular una respuesta coherente, así que contesta con monosílabos, con silencio o con gruñidos.

Así que el adolescente que no responde a sus padres no habla porque no sabe qué decir. Así de sencillo. No se trata de una actitud pasivo-agresiva. Es, simplemente, un adolescente que no logra poner en palabras lo que le pasa por la cabeza, su mal humor, su agobio, su incomprensión. ¿Qué hacer en estos casos? Respetar su silencio. Respetar que, le pase lo que le pase, el adolescente no es capaz de explicarlo. Como decía, la adolescencia es una etapa de la vida en la que se elaboran muchos duelos. Duelos que se resumen en uno: la pérdida de la infancia. Pero el adolescente no suele ser consciente de ello. Se siente perdido, le agobian las presiones de la vida y echa de menos inconscientemente su vida de niño, su cuerpo de niño, las ventajas de ser niño. No va a decir (porque no puede pensarlo): «Estoy de mal humor porque soy consciente de las dificultades de la vida, de que quiero ser adulto pero esto me da pánico al mismo tiempo y, de que, en el fondo, añoro los beneficios de la infancia.» Como no es consciente de ello, no puede verbalizarlo.

En mi opinión, en estos casos es mejor no forzar al adolescente a que hable. Por supuesto que vale la pena preguntarle varias veces, sondearle, tratar de ayudarle a que explique lo que le pasa si eso va a hacer que se sienta mejor. Pero si se detecta que, claramente, prefiere que le dejen tranquilo, creo que es necesario respetar su silencio. Al día siguiente, o en unos días, estará de mejor humor y más comunicativo. Y si se intenta forzar a un adolescente para que hable, si este siente que sus padres lo ponen entre la espada y la pared, es probable que sea él quien se sienta agredido y explote. Y esto es lo que suele pasar con frecuencia porque muchos padres insisten e insisten e insisten. Someten a sus hijos a auténticos terceros grados. Me dicen: «Seguro que nos oculta algo. Seguro que le pasa algo y tenemos derecho a saberlo.» En parte sí, pero imaginemos que el adolescente sabe lo que le pasa. Quizá tiene problemas con sus amigos o está angustiado porque no deja de ganar peso. ¿Acaso no tiene derecho a su intimidad?, ¿acaso no tiene derecho a no querer hablar de lo que le pasa? Yo creo que sí que tiene derecho a decidir que no quiere explicar lo que le sucede.

Me decía una madre hace un tiempo que no entendía a su hija. Desde que esta había tenido la primera regla, la madre le había dicho que serían grandes amigas, que podían hablar de todo. Pero desde que la hija había empezado el instituto, apenas le explicaba intimidades a su madre. La madre se quejaba de que no había diálogo entre ellas, porque, para ella, dialogar era que la hija le contara todas sus intimidades... como si fueran amigas. Como ya he señalado, pretender ser amigo de los hijos es colocarse en el lugar de alguien de su edad y de ese modo ignorar la diferencia generacional. Desde mi punto de vista, eso no tiene sentido. Los adolescentes tienen a sus amigos, y de sus padres necesitan que se comporten como padres. Dialogar no puede significar pretender que el adolescente cuente todas sus correrías amorosas, por ejemplo, si no lo desea. Los padres no deberían pretender ser amigos de sus hijos. Son sus padres. Compartir algunas actividades o tener *buen rollo* no significa ser amigos. Porque, además, los padres deben seguir poniendo reglas. Y eso es algo que pueden hacer desde su posición de padres, no desde una posición de amigos.

¿Y SI YA HA EXPLOTADO Y NO DEJA DE GRITAR?

Portazos, insultos, gritos, patadas a la pared, puñetazos en la puerta... Como bien saben muchos padres, un adolescente que está en pleno estallido de rabia puede realizar estas acciones y algunas peores. Como es lógico, estas situaciones, si se dan con cierta frecuencia, angustian mucho a los padres. Hay progenitores que, incluso, viven casi continuamente con el terror de que su hijo estalle de nuevo. Los padres vienen mucho a consulta por este motivo.

En estas situaciones, mi principal objetivo suele ser hacerles entender que todos esos ataques de agresividad son manifestaciones de rabia. Rabia del adolescente por sentirse mal, rabia por no saber qué es lo que le pasa, rabia por sentirse solo, rabia por sus problemas de autoestima... de los que muchas veces el adolescente no es consciente. Si no puede poner en palabras qué es lo que le sucede, es frecuente que lo exprese con este tipo de actos. A todos nos pasa, además. Cuando la rabia nos supera, la sentimos en el cuerpo. Y el cuerpo quiere sacarla con una reacción. Lo que pasa es que los adultos canalizamos mejor (en general) esas reacciones, y nos conformamos con apretar los dientes o soltar un gruñido.

Pero, por supuesto, entiendo que esas explosiones de rabia de los adolescentes ponen a prueba la paciencia y el aguante de cualquiera. Un adolescente en pleno ataque de rabia grita, insulta, da patadas a puertas y paredes, destroza cosas... Son situaciones muy violentas, porque muchas veces hablamos, por ejemplo, de chicos fortachones de metro ochenta de altura totalmente descontrolados. En estos casos, lo mejor es responder con silencio o, como mucho, con palabras tranquilizadoras y expresadas en un tono de voz muy suave. No es posible dialogar con un adolescente que está destrozando una puerta a puñetazos o que está gritando. Es mejor esperar, dejar que se desahogue. Dejar que el silencio lo relaje. Esperar que, poco a poco, el estallido se vaya apagando. Hay padres que responden con autoridad: «¡Que te calles!», gritan, por ejemplo. No digo que no pueda funcionar a veces. Seguramente, en algunos casos el adolescente reaccionará a esa muestra de autoridad. En todo caso, muchos adolescentes reaccionan a esta estrategia con más agresividad aún.

Hay que intentar ponerse en su piel. A muchos adolescentes les sucede que sufren por tantas cosas (no les gusta su cuerpo, se sienten marginados en el colegio, se sienten completamente perdidos en la vida, etc.) que llega un momento en que no pueden más y estallan. Se van llenando de frustraciones hasta que no pueden manejar su rabia y la expresan de mala manera. Por eso, casi siempre recomiendo optar por el silencio y dejar que el adolescente se desahogue.

Pero eso no quiere decir que se le deba tolerar todo. No estoy diciendo que, como está en pleno ataque de rabia, el adolescente puede destrozar su habitación y decir las más salvajes de las barbaridades a sus padres. Una cosa es un ataque de agresividad durante el cual el adolescente grite, dé un puñetazo sobre la mesa o chille que le dejen en paz. Vale, son situaciones complicadas, pero, podríamos decir, que es agresividad más o menos civilizada. Pero también en la agresividad hay límites que no creo que se deban traspasar. Es importante marcar un límite entre lo permitido y lo no permitido en estas situaciones. Se trata de un límite muy personal, un límite que cada padre debe establecer para sí mismo y para su hijo. Un límite para el que cada padre creo que debería plantearse: «¿Hasta dónde estoy dispuesto a aguantar?» Como señalaba en la introducción, no hay recetas que sirvan para todo el mundo. Por ejemplo, en el caso de una familia en la que nunca se dicen palabrotas ni insultos, un adolescente cruza el límite cuando llama «hijos de...» a sus padres. En cambio, hay familias en las que, de cada tres palabras que se pronuncian, una es una palabrota. Quizás en estas familias un insulto de este tipo no revista tanta gravedad. Por eso digo que debe ser cada padre el que decida: «¿Qué le permito y qué no le permito a mi hijo cuando está en pleno estallido?»

En estos casos, cuando se cruza el límite, hay que enfrentarse al adolescente. Siempre evitando la confrontación física. Pero diciéndole, con rotundidad y firmeza, que hay cosas que no puede decir o que no puede hacer. Es verdad que, en muchas ocasiones, el adolescente repetirá el insulto o destrozará otro plato. En este caso, quizá no se puede poner el límite durante el ataque de rabia, pero luego hay que hablar de lo que ha pasado y decirle al adolescente que no puede calificar de esta manera a sus padres. Pero es muy importante que el adolescente vea que hay un padre que se enfrenta a él. Como ya he comentado en la introducción, una de las necesidades básicas de los adolescentes (aunque ellos no lo sepan) es tener un padre al que enfrentarse. De este modo, ese límite que el padre (o la madre) le impone se va estructurando dentro de él. Y eso, aunque parezca lo contrario a primera vista, le ayuda a tranquilizarse por lo menos en el futuro. Los padres deben poner diques a la rabia y la angustia de su hijo cuando esta es excesiva. Porque esas muestras exageradas de agresividad son llamadas de socorro desesperadas por parte de un adolescente que no sabe cómo tranquilizarse a sí mismo.

LA FALTA DE DIÁLOGO

Un problema que suelo ver con mucha frecuencia es que no existe prácticamente diálogo entre muchos padres y sus hijos adolescentes. Ya sea por falta de tiempo, por falta de ganas por parte de muchos padres de implicarse verdaderamente en la educación de sus hijos, por falta de capacidad para hacerlo o por una mezcla de todos estos factores. El problema es que la falta de diálogo crea una distancia entre padres e hijos que llega a un punto que parece casi irrecuperable. ¿Cómo ejercer una influencia positiva en los hijos si no hay puente de diálogo?, ¿si los padres no saben cómo acercarse a ellos? Porque, cuando eran niños, casi que bastaba jugar con ellos, darles la cena, cantarles una nana en la cama... para sentir que había una comunicación. Pero, claro, todo esto no vale en la adolescencia. Y no siempre es sencillo llegar al mundo de los adolescentes para hablar con ellos.

¿Cómo solucionar la falta de diálogo? Esta es una pregunta que padres, educadores y adolescentes se plantean constantemente. En primer lugar es necesario destacar que el diálogo entre padres e hijos, así como tantas otras cosas de la vida cotidiana familiar, es algo que se aprende desde que los hijos son pequeños. Es difícil empezar a dialogar con un hijo de 14 años si antes los padres estaban totalmente desconectados de él.

Además, hay otro factor muy relevante: la propia historia personal de los padres. Probablemente, aquellos padres que fueron hablados y escuchados desde pequeños por sus propios padres, espontáneamente escucharán y hablarán con sus hijos, mientras que aquellos que fueron desplazados de un lugar de diálogo por sus padres y/o familiares, tendrán más problemas para comunicarse con sus propios hijos, repitiendo inconscientemente esa falta de lugar que ellos mismos padecieron. Esto no quiere decir que uno esté condenado a reproducir los esquemas heredados. Pero, para romper esos esquemas, es necesario reflexionar sobre ellos.

Cada familia debe encontrar la mejor manera para dialogar. Pero sí que es útil que todos los padres que sienten que no han podido establecer puentes de diálogo con sus hijos se hagan la siguiente pregunta: «¿Cuándo perdimos la capacidad de dialogar con nuestro hijo, si es que alguna vez la tuvimos?» Muchos padres llegan a consulta desesperados porque sienten que han perdido a su hijo. Están enfadados porque «nuestro hijo adolescente no nos hace caso», y no se plantean qué parte de responsabilidad tienen ellos en esta situación.

Es muy habitual, por otro lado, que algunos padres confundan dialogar con interrogar. Hace unos meses, unos padres se quejaban de que su hijo adolescente no quería hablar con ellos. El problema era que ellos no querían dialogar (o, por lo menos, no entendían la palabra «diálogo» como la entiendo yo). Interrogaban a su hijo con el único objetivo de obtener información para saber si hacía algo malo o peligroso. Esta era su forma de dialogar. Así que su hijo se negaba a participar de ese interrogatorio. Lo que su hijo deseaba era poder exponer sus dudas y sus miedos, expresar, simplemente, cómo se sentía. Y sentirse escuchado y comprendido.

Creo que esto es muy importante. Evidentemente, dialogar es una manera de intercambiar información. Pero tan importante o más es permitir que el diálogo sea una forma de sentir que la otra persona nos comprende. Los adolescentes, inmersos en un período de su vida especialmente tormentoso, necesitan sentir que sus padres están con ellos, que entienden las contradicciones que viven, que les apoyan. Muchos adultos confunden el diálogo con los jóvenes de su familia con un montón de información que necesitan transmitir y recibir. En esas familias, más que diálogo hay muy buena información. Posiblemente lleguen a saber cosas de todos, pero es probable que se escuchen poco y que no se sientan especialmente acompañados. En muchas familias, los jóvenes saben lo que piensan los padres, pero no lo que sienten los padres. Y viceversa.

Además, hoy en día, una de las principales barreras para el diálogo es un pariente omnipresente: la televisión. ¿En cuántos hogares se cena con la televisión apagada, en un ambiente favorecedor del diálogo? Como me explicaba un adolescente: «Lo primero que hace papá al llegar a casa es coger el mando de la tele. Empieza viendo el telediario y luego continúa viendo cualquier cosa. Lo que más le gusta es hacer *zapping*, y lo que más rabia me da es que no pregunta a nadie si queremos ver tal o cual cosa. Lo genial es cuando papá no está. Entonces nos peleamos con mi hermano para ver quién tiene el mando, así podemos ver nosotros lo que queremos.» ¿En cuántas familias se producen estas situaciones?

No existe, como decía, una única receta para mejorar el diálogo con los adolescentes. Pero es fundamental escucharlos, intentar entenderlos, escuchar también al adolescente que fueron los padres para que estos puedan ponerse más fácilmente en la piel de sus hijos... Parecen consejos sencillos, pero hay que dedicar tiempo a los adolescentes y, sobre todo, estar verdaderamente con ellos cuando se está con ellos. Escuchar a los hijos, dejarse criticar, aceptar las bromas sin enfadarse... Así se facilita el diálogo en la familia. Habrá momentos tensos, momentos dulces.

La rebeldía de los adolescentes

Casi que el título de este capítulo es una redundancia. Los adolescentes son rebeldes por naturaleza. Y es que tienen que serlo. Cuestionan todas y cada una de las reglas que les quieren imponer en casa y en la escuela. Es como si necesitaran reinventar sus propias reglas junto con sus amigos y ajenos a los aprendizajes anteriores. E incluso cambian su manera de hablar. Utilizan expresiones que les suenan extrañas a los adultos. Necesitan diferenciarse.

Porque uno de los objetivos del adolescente es formar su propia personalidad, su propia manera de entender las cosas, su propia manera de comportarse. Mientras que son niños, los hijos siguen las reglas que les marcan los adultos. Y así es como debe ser. En cambio, a pesar de que los padres también deben marcar límites a los adolescentes, es necesario que estos los cuestionen.

Ya he señalado en la introducción que los adolescentes necesitan unos padres a los que enfrentarse. Unas reglas que desafiar. Un *sparring* contra el que medir sus fuerzas, saber hasta dónde pueden llegar. De esta forma, interiorizan los límites a la vez que buscan los suyos propios. Este doble juego, tan saludable y necesario psicológicamente para los adolescentes, causa más de un dolor de cabeza a los padres porque, claro, «los hijos se nos rebelan». Discusiones sobre los horarios, discusiones sobre los amigos que los adolescentes frecuentan, discusiones sobre política... Los padres tienen un punto de vista. Y los adolescentes, otro. Cada uno tiene una razón que choca con la realidad del otro.

A muchos padres les gustaría que sus adolescentes fueran mansos, que no discutieran mucho, que aceptaran sus puntos de vista. Pero hay que aceptar que la adolescencia es una etapa de rebeldía por definición. Esta es, creo yo, la mejor actitud para saber llevar esos momentos de rebeldía. Como es lógico, hay que llegar a pactos que permitan la convivencia cotidiana. Y los padres deben imponer sus reglas cuando es necesario. Pero hay que dejar cierto margen de maniobra para que los adolescentes pongan en cuestión las reglas, para que ofrezcan alternativas, para que no sigan siendo niños que hacen lo que les dicen que tienen que hacer.

El período de negociaciones de cada norma se puede entender como un intercambio intergeneracional que va a funcionar como un aprendizaje entre padres e hijos respecto a las nuevas situaciones que se están viviendo. No se trata, tampoco, de que como los padres tienen que ejercer la autoridad, los hijos deben hacer siempre lo que ellos digan. La clave está, a mi modo de entender, en que los hijos sepan que sus padres tienen la autoridad. Y las personas con autoridad no la pierden por ceder de vez en cuando.

PADRES COMO EL BAMBÚ

Una vez leí que en la vida hay que ser flexible y a la vez resistente, como el bambú. Pues creo que esta es una imagen que puede ayudar a muchos padres. Con los hijos adolescentes no vale siempre el ordeno y mando. A veces hay que ejercerlo, sí. Pero hay que dejar margen para que los hijos aporten sus puntos de vista. Hay que ser flexibles para ceder de vez en cuando. Si los padres quieren imponer sus posturas de una forma autoritaria y rígida, es probable que no tengan éxito. Sus hijos no les harán caso y, además, crearán una distancia entre ellos que puede acabar siendo insalvable. Se trata de encontrar un equilibrio entre las líneas rojas que los hijos no deben traspasar y dejarles un espacio para que cuestionen las reglas y puedan hacer las cosas a su manera.

ADOLESCENTES TIRANOS

Desgraciadamente, es un fenómeno que se produce cada vez con más frecuencia. Adolescentes que se pasan de la raya al cuestionar a sus padres. Adolescentes que hacen siempre lo que les da la gana. Adolescentes que someten a sus padres. Familias en las que la jerarquía está patas arriba. Los adolescentes se han hecho con el poder y los padres viven atemorizados. ¿Cómo se llega a una situación como esta? Pues porque los padres no han puesto límites a sus hijos desde hace años. Quizá, mientras los hijos eran niños, esa falta de límites se veía en rabietas y poco más. Niños movidos, caprichosos, difíciles, pero, al fin y al cabo, niños. Pero, al llegar a la adolescencia, las cosas se complican y esa falta de límites explota con una violencia que puede hacer que la vida familiar sea completamente insufrible. Porque hay adolescentes que, incluso, agreden físicamente a sus padres. Por desgracia, son los padres quienes han permitido que la situación se les vaya de las manos. Así que, con los adolescentes tiranos, lo ideal es siempre prevenir.

Cultivar el diálogo y marcar límites cuanto antes, mejor. Una vez que el adolescente se ha convertido en un dictador, puede ser muy difícil revertir la situación. En estos casos recomiendo y mucho acudir a un profesional de la salud mental. Una tercera persona que pueda ejercer autoridad ante el hijo, que pueda ayudar a los padres a recuperar su autoestima y autoridad como padres, que pueda facilitar que se construyan puentes de unión entre padres e hijos.

Es normal, como ya he dicho, que los adolescentes desobedezcan de vez en cuando. Forma parte de su desarrollo. Pero no pueden desobedecer siempre y, sobre todo, no pueden imponer siempre sus propias reglas. En estas situaciones, hay que ser especialmente firme a la hora de poner límites. Es difícil recuperar el tiempo perdido. A un adolescente rebelde no hay quien lo cambie en dos semanas. Por eso, hay que volver a la táctica del bambú. Firmeza y flexibilidad, firmeza y flexibilidad. Y, sobre todo, no dimitir de la responsabilidad parental de poner límites.

EN LUCHA CONTRA UNA SOCIEDAD QUE NO LES GUSTA

En la adolescencia, la figura de los padres omnipotentes y mágicos de la infancia cae. El adolescente se vuelve crítico con los adultos como respuesta a esta caída. Y al otro lado tiene que haber un padre dispuesto a caer y el mismo padre dispuesto a enfrentarse y poner límites. Los adolescentes que no reciben límites por parte de los adultos que los cuidan se sienten más tristes porque no poner límites es sinónimo de abandono. Frente a la pérdida de esos padres todopoderosos, el adolescente se vuelve absolutamente crítico.

A veces, escuchar esas críticas, saber «encajarlas», coloca a los padres en una posición más adulta.

Pero los adolescentes no ignoran el medio social y cultural en el que viven y se desarrollan. Al contrario, cada vez son más conscientes de que esos padres, maestros, adultos... que critican son representantes de una sociedad determinada en un momento determinado del que no pueden escapar. Todas las críticas que los adolescentes sienten hacia el mundo de los adultos también son proyectadas hacia los estamentos de poder en los que tienen que vivir. Los adolescentes son los portavoces de un descontento social, que muchas veces es absolutamente justo y necesario. Grandes movimientos de masas de nuestra sociedad actual comenzaron y tuvieron eco y repercusión gracias al malestar adolescente contra una generación que sienten opresora y violenta. Levantarse contra esa opresión puede ser una forma revolucionaria de mostrar toda la vitalidad que la crisis adolescente lleva en su interior. La rabia adolescente puede transformarse en un grito de indignación y rebeldía que puede ser generador de cambios sociales importantes. No olvidemos que grandes conflictos sociales en Europa y América comenzaron a raíz de conflictos políticos en los que los adolescentes encuentran un especial atractivo y creativo campo de acción. No puedo dejar de mencionar la participación de adolescentes promotores de cambio en los movimientos de París del 68, la caída del Muro de Berlín, la plaza de Tianammen, las acampadas del 15M en España o más recientemente las protestas de Hong Kong. Por citar solo algunos ejemplos en los que la rebeldía adolescente ya no es el juntarse para romper retrovisores de coches siguiendo un modelo psicopático, sino la posibilidad de sentir que pueden luchar contra un modelo de sociedad en el que muy justamente no tienen ganas de integrarse. Al menos no en las condiciones que la sociedad les propone.

Entenderlos, escucharlos y hasta apoyarlos en esa lucha es ofrecerles un lugar que no debemos ni podemos negarles. Es el aspecto creativo de la rebeldía adolescente. Ojo: no hace falta acampar, ni tomar universidades, ni manifestarse con ellos; eso sería muy adolescente por parte de los adultos. Pero tampoco olvidarse de que ellos son los que necesitan, poco a poco, sentir que pueden derribar el muro.

Una bola de hachís entre los calcetines

Las drogas y los adolescentes. Este es uno de los temas que más aterran a los padres. Hace unos meses, los medios de comunicación explicaban que un informe de Unicef señalaba que aproximadamente el 25% de los jóvenes españoles de 11, 13 y 15 años había consumido cannabis en los últimos doce meses. El problema es que los adolescentes tienen al alcance de la mano muchas más drogas, como la cocaína, las pastillas o el alcohol. Muchos padres son conscientes de esta situación, de que las drogas son cada vez más fácilmente accesibles para los jóvenes y que su consumo excesivo puede hipotecar la vida de sus hijos.

¿Cómo calmar a los padres que, con ansiedad lógica, temen que sus hijos coqueteen con los drogas? Quizá lo que voy a decir ahora no les vaya a tranquilizar excesivamente en un primer momento. Yo les diría que es muy probable que sus hijos adolescentes prueben algún tipo de droga (aparte de las drogas legales, como el alcohol o el tabaco). Es casi inevitable. Entiendo que no les haga gracia. Pero aquí va la parte que espero que les tranquilice: en la mayoría de los casos, ese coqueteo con las drogas no se convierte en una adicción. Los adolescentes tienen curiosidad por probar lo prohibido, por desafiar una norma social, por desafiar a sus padres. Creo que sería muy complicado encontrar a un adolescente que no haya dado una calada a un porro. Insisto en que puedo entender, hasta cierto punto, el terror de los padres que imaginan a su hijo de 14 años fumando un porro. Pero vuelvo a decir que eso no es preocupante, porque no todos los adolescentes que prueban alguna droga acaban desarrollando un problema.

El drama se desata cuando ese consumo por curiosidad se convierte en una adicción. Cuando el adolescente necesita un porro o varios porros cada día. O emborracharse todos los fines de semana. O tomar pastillas muchos sábados por la noche. Aquí sí que hay que disparar todas las alarmas y no caer en la tentación de pensar que ya se le pasará esa etapa. Es muy preocupante que un adolescente abuse de las drogas. No solo por el daño físico y mental que les pueden causar, sino porque ese consumo abusivo es síntoma de que pasa algo grave.

LLENAR UN VACÍO

El problema del consumo abusivo de drogas no es únicamente el deterioro físico y mental que causa en los adolescentes. Hay que tener en cuenta que estos se están desarrollando, su cerebro todavía está en formación, y los efectos de las drogas son más perniciosos si se empiezan a tomar tan pronto y se toman durante mucho tiempo. El problema es que el consumo excesivo de drogas nos alerta de que hay un vacío afectivo terrible en el adolescente. Los adolescentes (ni nadie) no se convierten en adictos porque tengan las drogas al alcance de su mano, sino porque sienten un vacío que les empuja a ellas como un intento para llenarlo.

Por eso creo que el adolescente que se droga no es culpable, sino una víctima. Una víctima de una situación social que no le ofrece posibilidades o de una vida familiar en la que no hay comunicación ni afecto. Un adolescente que se droga es un adolescente perdido, confundido, falto de amor. Siempre que he tratado a adolescentes con problemas con las drogas, he encontrado una terrible falta de amor. Y no estoy diciendo que los padres no quieran a sus hijos adolescentes con adicciones. En muchos casos, los padres están tan ocupados con sus propios problemas con el trabajo, con crisis de pareja o con depresiones, que dejan a sus hijos solos en plena intemperie emocional. Esto es lo que hay detrás de un adolescente que abusa de las drogas. No lo hace porque sea un gamberro (aunque lo parezca), sino porque no sabe cómo llenar un vacío que no le deja vivir. En muchos otros casos no es exactamente que falte el cariño, el amor y la comunicación con los padres: pero ese adolescente interiorizó una imagen de padres ausentes. Esto es importante: cuando hablamos de procesos inconscientes no hacemos referencia a los padres de la realidad externa; siempre nos referimos a la imagen inconsciente que el chico, por diversas circunstancias, ha interiorizado de sus padres. No quiero decir que todos los adolescentes que toman drogas en exceso tienen unos padres que no los quieren o no les hacen caso. Lo que digo es que los hijos no han podido interiorizar una imagen adecuada de sus padres.

Así que dejar el consumo de drogas no puede ser responsabilidad única del adolescente. No se trata, simplemente, de prohibirle que salga con los amigos o registrar la habitación cada día u obligarle a que se haga análisis de orina una vez a la semana. Por eso, cuando trato a un adolescente que fuma porros cada día, no me centro en que deje de fumar o le pido que me diga cuántos porros fuma o que se haga analíticas para saber si miente o no. La cuestión es saber cómo ha llegado hasta ese punto, cómo está la relación con sus padres, cómo le va con los amigos... En definitiva, qué es lo que le falta que le hace sentir tan vacío y le impulsa a evadirse con las drogas. Por eso, en el tratamiento del adolescente adicto siempre intento implicar a los padres, porque el objetivo es que el adolescente sienta que tiene una familia de verdad, una familia que lo sostiene, una familia que le da el amor y el cariño que le hace falta.

En este sentido, los padres pueden hacer mucho por sus hijos. Y, como decía, no se trata de que examinen de arriba abajo su habitación en busca de porros o pastillas. No se trata de que les obliguen a hacerse analíticas cada semana. No se trata de que espíen el móvil de su hijo. Se trata de que le den más amor, más atención, más presencia. Se trata de que ayuden a su hijo a llenar ese vacío con amor y no con porros. Ya sé que los padres que tienen hijos adolescentes con problemas con las drogas están terriblemente asustados. Pero pueden poner mucho de su parte intentando llenar parte del vacío que sienten sus hijos.

Lo que sucede es que es muy frecuente que los padres que se dan cuenta de que su hijo tiene un problema con las drogas inicien una espiral de represión. Por ejemplo, algo que está muy de moda hoy en día es que se empeñan en que su hijo se haga un análisis de orina cada lunes para saber si ha consumido drogas. ¿Qué hacen muchos adolescentes? Intentan engañar a sus padres. Por ejemplo, congelan orina el jueves, y, el lunes, dan el cambiazo. No me lo invento, son casos reales de adolescentes que yo he tratado. Por tanto, la solución al problema de las drogas no es policial. La solución pasa por estar más tiempo con los hijos, por hablar con ellos, por entender qué necesitan.

Por tanto, yo aconsejo a los padres que den más amor y atención a sus hijos si estos tienen problemas con las drogas. Y, sobre todo, que no los acusen por ello, que no les hagan sentir culpables, que no les hagan sentir como unos delincuentes. Si se colocan en el papel de policía, los adolescentes se colocarán en el papel del delincuente. Y, de este modo, no se soluciona el problema, sino que se creará una espiral de acción y presión de la que puede ser muy complicado salir. Hay que ayudar al adolescente a que se sienta más seguro de sí mismo. Así no tendrá tanta necesidad de buscar el refugio de las drogas, de aislarse de la realidad en paraísos artificiales.

Hay que tener en cuenta que el acceso a las drogas es terriblemente sencillo para cualquier adolescente hoy en día. Por tanto, de poco sirve prohibirle que tome drogas o registrar su habitación cada día. De poco sirve jugar al policía y al delincuente. Además, a los adolescentes que se drogan les encanta moverse en el terreno de la transgresión, esconder las drogas, desquiciar a sus padres. No vale la pena iniciar este tipo de juego. Lo importante es curar el impulso que lleva al adolescente a las drogas. Ese impulso que resulta de querer evitar el vacío afectivo. Ahí radica la solución. Hay que tener en cuenta que hay que estar muy fuerte psicológicamente para luchar contra el impulso de drogarse. Y, precisamente, el adolescente que se droga se siente muy débil. Aunque parezca lo contrario. Aunque venda una imagen arrogante y de pasar de todo. Pero está terriblemente asustado y solo. Por eso necesita el apoyo de sus padres.

Por hablar de que existen las drogas, de los tipos de drogas que hay y de sus consecuencias no se está incitando a los hijos a consumirlas. Muchas personas prefieren no tocar ese tema, como si, al no hablar de ellas, no existieran. Pero creo que es absolutamente necesario hablar con los hijos adolescentes de los riesgos de las drogas. Lo ideal sería que estas explicaciones también las recibieran en los centros educativos, pero, desgraciadamente, no siempre es así. Hay que explicarles que las drogas pueden poner en peligro su salud y su futuro. Que tienen consecuencias muy graves. Que no son un juego. Sin caer en dramatismos, pero exponiendo de forma clara sus consecuencias.

Pero, desde mi punto de vista, hablar de las drogas no significa únicamente hablar de los efectos perjudiciales. Hay que hablar también de por qué hay personas que toman drogas, de por qué hay personas que necesitan evadirse de la realidad, de por qué hay personas que intentan llenar sus vacíos con porros o cocaína. Es necesario ir más allá y hablar, por tanto, de los problemas personales que son la verdadera razón de que los adolescentes caigan en las adicciones.

Cuando sugiero a los padres hablar sobre las drogas, les pido que incluyan en esas charlas las drogas «legales», como el alcohol, el tabaco y algunos medicamentos. Porque sería una contradicción que papá se pusiera a hablar del tema con el whisky que cada noche «necesita» tomarse o que mamá mientras charla está pensando en que no tiene que olvidarse de tomar el hipnótico que la ayuda a dormir cada noche... Porque lo primero que les pido que comuniquen sobre las drogas es su enorme potencial de adicción, de dependencia. Cualquier consumidor de drogas (de cualquier tipo) lo primero que dice es: «¡Tranqui, que yo lo controlo!» Este es el verdadero problema de las drogas, que las drogas controlan la voluntad de los consumidores, y no al revés. Podemos considerar que un chico es adicto a los porros cuando se pone nervioso, alterado y hasta le cambia el humor cuando no puede tener acceso a ellos. Exactamente igual que el adulto consumidor de nicotina. (Si usted es fumador, se ha quedado sin tabaco y tiene que bajar a comprar al bar más cercano entenderá qué es exactamente una adicción.) No es este el lugar para hablar de los efectos peligrosos de cada droga, pero en la actualidad preocupan más las drogas ilegales que las legales. Pero los efectos neurológicos que produce el alcohol son tan nefastos como los que producen los derivados del cannabis. Lo peligroso de toda droga es la dependencia que puede generar en su consumidor. Insisto en que hablar de las drogas no es hacer proselitismo. No es empujar a los hijos a consumir cocaína o a caer en el mundo del hampa. Es darles información. Y la información siempre nos hace más libres.

El problema de las drogas es que hay drogas legales que están muy toleradas en nuestra sociedad. Hoy en día está bastante aceptado que un adolescente no debería fumar tabaco o beber alcohol. Pero en casa los cumpleaños se riegan con alcohol, cuando llega la Navidad se bebe y se bebe y se vuelve a beber, cuando salen todos a cenar, papá y mamá se toman un par de gin-tonics. Es decir, se les dice a los adolescentes que no beban ni fumen cuando mucha gente a su alrededor fuma y bebe. ¿Cómo decirle a un adolescente que no debe beber alcohol si los padres beben cada dos por tres? ¿Cómo advertirle de los riesgos de fumar si los padres fuman? La verdad es que veo muy complicado transmitirles estas ideas si no se predica con el ejemplo. No digo que unos padres no puedan tomarse unas cervezas con sus hijos adolescentes presentes. Pero hay personas que beben alcohol cada día, que se toman alguna copa de más con demasiada frecuencia. Y, de este modo, pierden toda autoridad moral para dar lecciones a sus hijos.

Pero hay que tener en cuenta que cuando un adolescente es adicto a las drogas, no suele ser suficiente con que los padres hablen con él. En estos casos, yo siempre recomiendo plantearse seriamente la consulta con un psicoterapeuta. Y creo que los centros de adicciones públicos no sirven por sí solos. En ellos, se dedican a recoger muestras de orina (y ya vimos lo que pueden hacer con la orina los adolescentes) o muestras de sangre. El discurso que les aplican es: «Muéstrame qué has consumido.» El adolescente entra en una dinámica policial, «¿lo has hecho o no?». Una dinámica que no creo que ayude a encontrar una solución al problema. Y vuelvo a insistir en que lo que se necesita es que el adolescente pueda entender las razones que le deben llevar a abandonar el consumo de drogas. Y hay que conseguir que se comprometa y colabore en una cura de desintoxicación. Pero, sobre todo, no hay que obsesionarse con que si se drogó el fin de semana o cuánto se drogó. Hay que ayudarle a que encuentre y entienda las razones que le empujan al consumo abusivo de drogas.

El botellón de cada fin de semana

En los últimos años se está imponiendo el patrón nórdico en el consumo de alcohol. Los adolescentes se cogen unas borracheras tremendas los fines de semana. Los adolescentes siempre han bebido más de la cuenta el fin de semana, claro, pero no se producían tantos comas etílicos, por ejemplo. El problema es que cada vez está más de moda el botellón, esa costumbre de reunirse unos cuantos amigos, comprar alcohol en el supermercado y pasar la tarde o la noche en una plaza o un descampado bebiendo y bebiendo. Les sale más barato y, además, los adolescentes se sienten muy unidos. El objetivo único del botellón no es solo beber barato, sino sentirse miembro de una pandilla.

Los amigos de los adolescentes

Crecer es pasar de la dependencia total a la independencia total. O, por lo menos, este debería ser el objetivo último. Los seres humanos nacen totalmente indefensos. Cuando un niño nace necesita de otro para poder sobrevivir. Este otro, generalmente la madre, le proporciona al bebé todo lo necesario para su vida y crecimiento. Lo alimenta, lo viste, le da calor, le da afecto... Todo esto es absolutamente necesario para la supervivencia física y psicológica del niño. Digamos que con todas estas funciones maternas el bebé está recibiendo una cantidad impresionante de estímulos y sensaciones nuevas que van a ser la base, los pilares, de lo que será su funcionamiento físico y psíquico posterior. Desde el momento de nacer, el cachorro humano depende completamente del mundo que le rodea. En esta primera infancia podemos hablar de un estado de dependencia total. Poco a poco, el niño va creciendo y, gracias a la interrelación que tiene con su madre primero y con los demás después, va adquiriendo cierta autonomía. Necesitará cada vez menos los cuidados y atenciones maternas. Este proceso que va de la total dependencia a la independencia total debería culminar en el final de la adolescencia.

Durante la adolescencia, ese proceso de independizarse vive un acelerón. Los adolescentes buscan diferenciarse de los padres, se enfrentan a ellos, los necesitan menos y se esfuerzan en necesitarlos todavía menos. Pero, por otro lado, aunque desean la independencia, están asustados. Porque la independencia es libertad, sí, pero también es soledad y enfrentarse a muchas decisiones. Y ¿qué hace la mayoría de los adolescentes? Buscan sentirse amparados en sus amigos. Por eso, los amigos, la pandilla, cobran tanta importancia en esta etapa de sus vidas.

LA IMPORTANCIA DE LA EXTRATERRITORIALIDAD

Los adolescentes sueñan con irse de casa, con tener una vida aparte de la vida familiar, con conquistar ya la independencia total. Pero no tienen los medios para hacerlo y, además, no están preparados para ello. Es lo que el filósofo francés Michel Foucault llamaba la «extraterritorialidad». Los adolescentes necesitan salir del territorio familiar, conquistar otros mundos. Y, cuando están con los amigos, sienten que tienen una vida aparte. Una vida en la que los códigos cambian, en la que hablan de forma diferente, en la que son de otra forma. Para los adolescentes, sus amigos son sus referentes. Son el espejo en el que se miran. Se sienten amparados y reconocidos por ellos. Gracias al grupo de amigos, la transición entre el mundo familiar y el extraterritorial se hace más sencilla. No es lo mismo ir al cine con papá y mamá que con los amigos. Ni a un bar, ni a la playa, ni a... Los amigos son la primera incursión en otra vida más allá de la vida familiar. Por eso son tan importantes.

A muchos padres les cuesta aceptar que su hijo no quiere ir al cine con ellos o que quiera pasar todo su tiempo libre con sus amigos. Pues no hay más remedio que aceptarlo. No es algo preocupante, sino, todo lo contrario, absolutamente normal. Los adolescentes quieren y necesitan construirse una vida fuera de su familia.

«NO ME GUSTAN LOS AMIGOS DE MIS HIJOS»

¿Y sabe por qué? Porque, muchas veces, los adolescentes eligen a amigos que son muy diferentes a sus padres o que, directamente, saben que sus padres no van a aprobar. Es una manera de retar a sus padres, de enfrentarse a ellos, de desafiarlos. Como ya he dicho, uno de los deportes favoritos de cualquier adolescente es enfrentarse a sus padres. Necesita hacerlo. Y qué mejor manera de marcar distancias que construirse una familia exterior totalmente diferente.

En todo caso, creo que solo hay que preocuparse de las compañías de los hijos si son peligrosas. Es decir, si se trata de chicos agresivos o que abusan de las drogas, por ejemplo. Más allá de estas situaciones, creo que es necesario respetar a los amigos de los hijos, ya que estos tienen derecho a elegir a su círculo de amistades.

«PERO ES QUE ESTÁ DEMASIADO SOMETIDO A SU GRUPO DE AMIGOS»

Muchos padres creen que sus hijos están sometidos a sus amigos porque hablan como ellos, se visten como ellos, se comportan como ellos. Pero, más que sometimiento, lo que pasa en las pandillas adolescentes es que se tiende a la homogeneización. Porque hacer lo que hacen los demás, vestirse como se visten los demás, comportarse como se comportan los demás... da tranquilidad. Da un lugar en el mundo. Insisto, los adolescentes dejan la infancia pero aún no están en el territorio de los adultos. Ya no pueden apoyarse únicamente en los padres. Necesitan otros referentes, otros pilares. Y los encuentran en los amigos. Comportarse igual que ellos les hace sentir menos solos. Así que no creo que este sea un motivo de preocupación. Hay padres que temen que a su hijo le está pasando algo raro porque, de repente, cuando cumple 14 años, cambia su manera de vestirse, de peinarse y de comportarse.

Sí que es verdad, de todas formas, que hay adolescentes que realmente están sometidos por sus amigos. Que no son felices con ellos, que dejan de ser ellos mismos completamente. Hacen lo que sea por ser aceptados por el grupo. Son adolescentes que tienen la autoestima muy baja. Por eso necesitan ser aceptados a cualquier precio. En estos casos es importante que los padres, siempre sin atosigar a su hijo, intenten proporcionarle un poco de autoestima. Es importante que le hagan sentir bien, que le feliciten por sus notas, que le digan que están contentos con él. Muchos padres, en el trajín de su vida cotidiana, se olvidan de reforzar a sus hijos con comentarios positivos. Aunque muchos adolescentes quieran dar la impresión de que no necesitan a sus padres, por supuesto que los necesitan. Muchos padres creen que, «como mi hijo ya casi hace su vida», no tienen que estar encima de ellos. Y eso es un error. Un adolescente sometido por su grupo de amigos seguramente es un adolescente que se siente abandonado por su familia. Por eso busca cobijo a cualquier precio en otro grupo de personas. El objetivo es ayudar a que su hijo tenga algo más de autoestima y que, por tanto, no haga lo que sea por ser aceptado por su grupo de amigos.

«PERO ES QUE SE QUIERE PONER UN *PIERCING* O HACERSE GÓTICO»

Incluso en los casos más llamativos, cuando el adolescente entra a formar parte de una tribu urbana, no veo que haya motivos para preocuparse. Hay padres que se horrorizan por la forma de vestirse, peinarse o maquillarse de sus hijos. Pero no se plantean que su hijo se quiere poner un *piercing* en buena parte porque los adolescentes necesitan marcar distancia con sus padres. Ahí radica todo el peligro de los *piercings*. Porque qué mejor manera de diferenciarse de los padres que vistiéndose o acicalándose de una manera totalmente radical. De ahí que los adolescentes se vistan en plan gótico, *heavy* o lo que sea.

Las tribus urbanas dan seguridad a los adolescentes porque funcionan, hablando en términos psicoanalíticos, como un padre. Tienen normas muy estrictas en cuanto a la vestimenta y el comportamiento. Son como una microsociedad. Digamos que los adolescentes sustituyen una familia por otra. Quieren desmarcarse de los padres pero sin renunciar a la seguridad que da pertenecer a una familia.

Lo que le sucede a muchos padres es que, cuando ven que su hijo se distancia de ellos, tienen que hacer su propio duelo. La adolescente que ahora se rapa la cabeza y se pone seis aros en la oreja hace recordar a su madre que la niña tan mona que fue ya no volverá. Estos cambios en la vestimenta y el pelo, el hecho de entrar en una tribu urbana, es un amargo despertar para muchos padres. Porque sus hijos les están diciendo: «Me separo de vosotros. Ya no seré más ese niño que fui. Quiero elegir mi propio camino.» Así que los padres se ven abocados de repente a tener que enfrentarse al duelo por el niño que están perdiendo. Duelo porque su hijo estará cada vez más lejos de ellos. Los padres no se angustian porque el hijo se tiña todo el pelo de negro y se haya puesto un *piercing* en la nariz. Quizá creen que están angustiados por eso. Pero, en realidad, lo que les duele en el alma es que su hijo se haya marchado a otra tribu que no es la suya. Y, además, están asustados porque siempre nos asusta lo que es muy diferente a nosotros.

En este sentido, los padres no pueden hacer mucho en el caso de que su hijo se haga gótico o lo que sea. Yo aconsejo no enfrentarse a sus hijos ni criticar su manera de vestir. No van a conseguir nada más que generar tensión entre ellos y su hijo. Otra cosa es que su hijo comience a cometer conductas antisociales o peligrosas para sí mismo. En este caso, por supuesto, sí que es necesario actuar.

NO SE SEPARA DE SU MEJOR AMIGO

Este es un fenómeno que se da en muchos adolescentes y que preocupa a algunos padres. Hay adolescentes que tienen un mejor amigo. Hablan igual, se visten igual, se comportan igual. El adolescente llega a casa después de pasar cuatro horas con su mejor amigo y lo primero que hace es llamarle porque olvidó contarle no se sabe muy bien el qué. Tampoco hay que preocuparse de esto. No es raro, ni peligroso. Con su amigo íntimo, el adolescente tiene una relación de confidente. No se separa de él. Uno es el doble del otro. Hay padres que se sienten un poco perdidos, que no saben si eso es algo bueno o malo. La explicación de estas relaciones de amistad fusionales está en que como el adolescente ha perdido la fusión con sus padres la busca en otra persona. Los adolescentes pasan por momentos muy complicados en los que no saben qué les sucede, en los que se sienten muy perdidos, en los que sienten casi que su psique se va a desintegrar. No es fácil ser adolescente. Por muy comprensivos e intuitivos que sean los padres, el adolescente siempre se va a sentir, como mínimo, algo incomprendido. Porque sus padres, por muy bien que sepan llegar a ellos, no están pasando por lo mismo que ellos. Por eso les consuela tanto una relación fusional con un amigo que tiene exactamente sus mismos problemas, miedos, carencias y dudas. Así que un amigo íntimo, del mismo modo que la pandilla, les proporciona una referencia muy fuerte. Se convierte en una necesidad psicológica de primer orden. Vuelvo a lo que he dicho varias veces. El amigo íntimo le permite al adolescente *deshacerse* de la familia, le hace más llevadero el duelo por la relación fusional con sus padres que está dejando atrás. Así que mi consejo para los padres que puedan estar preocupados porque su hijo no se separa de su mejor amigo es que no se preocupen. Se trata de algo muy normal en muchos adolescentes.

DA LA IMPRESIÓN DE QUE NO TIENE AMIGOS

Esto sí que es lo verdaderamente preocupante durante la adolescencia. Un adolescente que no sale al cine con sus amigos, que no habla por teléfono con amigos, que no pide quedarse a dormir en casa de un amigo de vez en cuando... Para muchos padres, esto es lo más cómodo del mundo. Tienen al hijo siempre en casa, bien controlado, aturdido ante el televisor o el ordenador. No hay riesgo de que le pase algo malo en la calle ni de que empiece a fumar porros. Sí, pero está el riesgo de que se quede anclado en la infancia, de que no se haga mayor, de que no evolucione. Los adolescentes que no tienen amigos sufren una regresión a su infancia. Se quedan encerrados en sí mismos. No logran salir del cascarón. Serán adultos infantilizados.

Es absolutamente necesario que los adolescentes quieran pasar mucho tiempo con sus amigos, que tengan amigos para hacerlo y que, por tanto, lo hagan. No tiene sentido pedirles que se queden todo el fin de semana en casa o que toda su vida social sea con los padres. Ya no son niños. Hay padres que intentan obligar a sus hijos a pasar todo o casi todo el tiempo del mundo con ellos. Seguramente, porque se resisten a perder al niño. No aceptan que ya no tienen un niño, sino un adolescente.

Es muy dañino para el desarrollo psicológico de los adolescentes no tener amigos. Se pierden referencias, se pierden la posibilidad de empezar a entrenarse en las relaciones sociales adultas, se pierden la posibilidad de tener sus primeros escarceos amorosos y sexuales. Pero llegará un día en que tendrán que entrar en el mundo de los adultos, y si no han realizado un entrenamiento previo pueden tener muchos problemas. Los adolescentes sin amigos se pueden sentir muy solos. Pueden caer en depresiones gravísimas. Así que si los padres ven que su hijo no pasa apenas tiempo con los amigos, creo que están obligados a investigar qué sucede. Quizá su hijo esté sufriendo acoso escolar, por ejemplo. En todo caso, quiero dejar muy claro que este es un síntoma que no se puede dejar pasar. Hay que hablar con el hijo para saber qué pasa, hay que hablar con los profesores, hay que hablar con los padres de los compañeros del colegio de su hijo. Hay que poner remedio cuanto antes a una situación de este tipo, que puede ser devastadora para el desarrollo psicológico del adolescente y su futura vida adulta.

El drama del acoso escolar

Los niños y los adolescentes pueden ser muy muy crueles con sus compañeros. Casi siempre, en cada clase, hay uno o dos adolescentes que se convierten en el muñeco al que algunos compañeros atizan. Les insultan, les marginan, les gastan bromas pesadas...

Pues sí, por desgracia este es uno de los problemas que sigue presente en nuestra sociedad. Y que, como es lógico, preocupa mucho a los padres de adolescentes que lo padecen.

Quizás algunas personas siguen pensando eso de: «Bah, son cosas de adolescentes, siempre ha pasado y no es para tanto.» Pues sí que es para tanto. Porque el acoso que sufren los adolescentes les puede dejar una herida psicológica para el resto de su vida. Los adolescentes están en una etapa vital en la cual su personalidad se está formando. Por eso su autoestima sube y baja como un tobogán. Por eso un día quieren ser médicos y otro, bomberos. Por eso están de buen humor por la mañana y completamente insoportables por la tarde. Y si durante esta etapa tan difícil sufren el acoso de sus iguales, de los que deberían recibir dosis de confianza y autoestima, los cimientos de su personalidad se debilitan. Como apuntaba, pueden arrastrar durante toda su vida problemas de autoestima, de falta de confianza, de relaciones personales. Muchos adultos que veo en mi consulta que tienen problemas en sus relaciones personales, o para avanzar en la vida, arrastran inseguridades y miedos desde la adolescencia. Son adultos que se sienten incapaces para los grandes retos de la vida. Creen que no merecen aspirar a un buen trabajo, tienen problemas para encontrar y mantener una pareja, sienten que nadie les va a querer o aceptar. ¿Por qué? ¿Por qué un adulto puede tener esos miedos? Porque los ha aprendido durante períodos cruciales de su vida como son la infancia y la adolescencia.

Incluso, como nos recuerdan los medios de comunicación de vez en cuando, el acoso escolar puede tener consecuencias todavía más graves y ser causa de suicidio entre los adolescentes. El acoso escolar, sentirse denigrado y ninguneado por compañeros de la misma edad, sentirse fuera del grupo, sentirse un bicho raro, es un riesgo psicológico muy serio. Puede causar la destrucción del yo, es decir, el lugar en el que anida la identidad. En la mayoría de los suicidios, el problema que hay detrás es una pérdida brutal, un sentimiento de que a la persona que se quita la vida ya todo le da igual porque no le queda nada. Un adolescente que no tiene amigos, que es repudiado por sus compañeros, que se odia a sí mismo, que no encuentra nada positivo dentro de sí, puede tener ideas suicidas.

Como decía, la adolescencia ya es una etapa marcada por la fragilidad. Así que el acoso escolar es algo que hay que tomarse muy pero que muy en serio. Ante la más mínima sospecha de que un adolescente puede estar sufriendo acoso escolar, hay que tomar medidas. Hay que preguntarle a él, a los profesores, a los padres de otros alumnos...

Todos pasamos por momentos muy complicados durante la adolescencia, pero insisto en que el acoso escolar no es para nada un tema menor: puede destruir psicológicamente a un adolescente. Recomiendo a los padres con hijos que sufren este problema, o que sospechan que sus hijos pueden estar sufriendo este problema, que busquen la ayuda de un profesional de la salud mental y que hablen con los responsables del instituto.

El acoso escolar se está dando mucho más en nuestra sociedad actual porque los chicos desde la infancia hasta bien entrada la adolescencia son muy permeables al medio social en el que viven y se desarrollan. Estamos viviendo en una sociedad cada vez más competitiva y generadora de conflictos y rivalidades entre los pares. Esto se nota incluso en el «mercado laboral». Hay un solo puesto para una persona y varios amigos y compañeros están tratando de conseguir ese puesto. Otro ejemplo es el caso de la educación en la adolescencia: la maldita y temida selectividad. Los adolescentes ya saben que no todos van a sacar la nota necesaria para estudiar aquello que desean; sin quererlo, el mismo sistema educativo ha vuelto más competitivos y menos solidarios a los miembros de un mismo grupo. Las sociedades violentas generan modelos violentos, y el acoso escolar es parte de ese problema. Si analizamos en profundidad cualquier videojuego en el que nuestros adolescentes se refugian para pasar un rato, veremos que es un acoso y derribo del contrincante. Por ejemplo, en grupo *(on line)* contra uno o contra varios, pero la victoria es la aniquilación del otro. Cuando inocentemente criticábamos al Monopoly porque era un juego que alentaba los valores del capitalismo exacerbado, y ganaba el que tenía más propiedades, no se habían inventado las diferentes versiones de «The war of...», donde el que gana es quien acumula más víctimas.

POR QUÉ UN ADOLESCENTE SE CONVIERTE EN VÍCTIMA DE ACOSO ESCOLAR

Cuando se habla del acoso escolar se suele poner el foco en los acosadores. ¿Por qué hay chicos que son tan crueles con sus compañeros?, ¿por qué se comportan como se comportan?, ¿qué estará sucediendo en sus casas para que sean tan agresivos? En cambio, no se habla tanto de un porqué que a mí me parece casi más relevante: porque hay adolescentes que son más fácilmente victimizables. Claro, el comportamiento de los acosadores es muy llamativo. Los acosadores insultan a las víctimas, las denigran, les dejan de hablar... Pero ¿por qué hay adolescentes que son elegidos como víctimas? Sí que es verdad que a veces son los más gorditos o los más bajitos o los que tartamudean. Factores de los que a veces se aprovechan quienes buscan víctimas propiciatorias. Pero no todos los adolescentes gorditos son acosados. No todos los adolescentes bajitos o tartamudos sufren acoso escolar. ¿Cuál es, según mi punto de vista, el factor denominador de los adolescentes que sufren este problema? Los adolescentes que presentan más riesgo de sufrir acoso escolar son aquellos que tienen la autoestima muy baja. Aquellos que ya arrastran problemas de autoestima desde hace años y que, por tanto, son objetivos fáciles para quienes buscan una víctima. Un adolescente gordito con una autoestima en buena forma no se convertirá en víctima de acoso, ya que los chicos que quieran agredirle psicológica o físicamente no lo tendrán nada fácil. Así que buscarán a una víctima más débil. Es decir, adolescentes que no tienen fuerzas psicológicas para soportar bromas o pullas, y que, a ojos de los acosadores, serán un blanco fácil. En general, los acosados suelen ser hijos de padres que no les dedican el tiempo y el amor necesarios.

Padres que arrastran sus propios problemas y que, por tanto, no pueden darles a sus hijos lo que necesitan, por lo menos desde un punto de vista psicológico. Estos adolescentes se sienten perdidos, solos, angustiados... Además, los adolescentes acosados no acostumbran a tener una buena relación con sus padres, ya que se sienten abandonados por ellos. Por tanto, no encuentran en sus progenitores un apoyo afectivo. Por eso muchos padres no se dan cuenta de que su hijo está sufriendo acoso escolar.

CÓMO PUEDO SABER QUE MI HIJO ESTÁ SUFRIENDO ACOSO ESCOLAR

Si un adolescente no quiere ir al instituto, siempre hay que sospechar que está pasando algo grave. Seguramente tiene problemas de relación con sus compañeros y, por tanto, es probable que esté sufriendo acoso escolar. A los adolescentes les gusta ir al instituto aunque no les guste estudiar. En el instituto se encuentran con sus compañeros, amigos, novios y novias. Se sienten parte de un grupo. Un adolescente que no quiere ir al instituto es un adolescente que no quiere encontrarse con sus compañeros. Quizás es porque no tiene amigos o quizás es porque es víctima de acoso escolar. En todo caso, siempre que un adolescente muestre reticencias para acudir al instituto hay que averiguar qué le está pasando, ya que, sea que no tiene amigos o sea que está padeciendo acoso, el problema es grave. Otros síntomas evidentes tienen que ver con el uso del tiempo libre que hacen los adolescentes acosados. Es evidente que algo está pasando con los amigos o los compañeros de clase de un adolescente que nunca va al cine con ellos, que nunca sale de casa el fin de semana, que no hace vida social. Los adolescentes necesitan esa vida social con sus iguales. Es una necesidad psicológica imperiosa. E, insisto de nuevo, si no tienen vida social es que algo grave está ocurriendo.

Tratar al hijo que sufre acoso escolar

Muchos padres, cuando descubren que su hijo sufre o ha sufrido acoso escolar, se llevan las manos a la cabeza. «Pero ¿por qué no nos has dicho nada?», «¿Acaso no confías en nosotros?», «Somos tus padres...». Pero creo que una pregunta interesante sería: ¿por qué no se dieron cuenta ustedes de los problemas de su hijo? Pues, porque como he señalado, en estos casos no suele haber buena comunicación entre padres e hijos. El problema es que la reacción de los padres puede generar culpabilidad en el hijo. Este puede pensar que, encima que tiene que soportar el acoso, no ha sido honesto con sus padres. En estos casos, los hijos necesitan todo lo contrario: comprensión y aceptación incondicionales. Necesita saber que sus padres lo quieren pase lo que pase. Hay que tener en cuenta que no tiene amigos, que no tiene un lugar entre sus iguales. Por tanto, hay que compensar proporcionándole un refugio seguro y afectuoso en casa. En estos casos, además, siempre recomiendo un tratamiento psicológico para reforzar la autoestima del adolescente.

Algunos padres, por otro lado, me preguntan si es aconsejable que cambie de colegio. Creo que el factor importante es la autoestima del chico. Si esta se ve reforzada, y los profesores ponen límites a los acosadores, es muy probable que el acoso cese. Si los padres se limitan a cambiar al adolescente de colegio, pero este sigue con la autoestima por los suelos, se corre un serio riesgo de que el problema de acoso se repita en el nuevo centro.

EL ACOSO EN LAS REDES SOCIALES

Hoy en día, los adolescentes viven buena parte de su vida en las redes sociales. Y allí también pueden sufrir acoso. Reciben mensajes de texto denigrantes o, por ejemplo, sufren burlas en Facebook. Pero la solución no es decirle al adolescente que no tenga un perfil en Facebook, por ejemplo. Los adolescentes necesitan estar en las redes sociales porque todo el mundo está en ellas. Algunos padres tienen tanto miedo de que su hijo sufra acoso en las redes sociales que optan por prohibirle su presencia en ellas. Pero esto supone amputar parte de la vida social de muchos adolescentes. La solución pasa, como he señalado, por ayudarlo a aumentar su autoestima, buscar la ayuda de un profesional y hablar con los responsables del instituto.

El caso de Andrea

Un caso que muestra que una buena relación entre padres e hijos puede poner fin al acoso antes de que se convierta en una situación muy grave de acoso sexual, un tipo de acoso que se da con frecuencia entre los jóvenes. A Andrea le gustaba un chico de su clase, pero no parecía que él le hiciera mucho caso. Al chico le robó el teléfono móvil un compañero de clase, que empezó a enviar a Andrea mensajes como: «Me gustas», «Tengo muchas ganas de verte», «Eres muy guapa». Y, claro, Andrea estaba más que emocionada. Pero los mensajes empezaron a subir de tono: «Envíame una foto tuya en sujetador», «Envíame una foto tuya desnuda», y cosas así. Andrea empezó a sospechar, y como tiene una muy buena relación con su madre le explicó que estaba recibiendo mensajes subidos de tono. La madre habló con el tutor de Andrea y al final descubrieron que el móvil había sido robado. Lo importante de esta historia es que la buena relación de Andrea con su madre impidió que el acosador utilizara fotos comprometedoras de Andrea para burlarse de ella, como era su intención.

El acosador

Los acosadores parecen chicos fuertes y seguros de sí mismos, pero, en realidad, son todo lo contrario. El acosador es un adolescente con la autoestima por los suelos y completamente asustado. Por eso se refugia en la agresividad, por eso ataca a los demás. Es lo que los psicoanalistas llamamos «formación reactiva». Como le tengo miedo a la debilidad, ataco a los débiles y me hago el fuerte. Muchas personas creen que los acosadores son así y punto. Que, bueno, son cosas de críos, que ya se les pasará con la edad. Pero es fundamental que los padres de los adolescentes acosadores se planteen seriamente llevar a su hijo al psicoterapeuta. No es algo propio de la adolescencia ser acosador. Estos adolescentes muestran rasgos preocupantes de falta de empatía, de agresividad, de deseo de dominación. Es importante entender por qué sienten esas necesidades y trabajarlas para evitar que se conviertan en rasgos propios de su personalidad.

Internet, redes sociales y otros mundos extraterritoriales

Internet, las redes sociales, los servicios de mensajería a través del móvil... son fundamentales para los adolescentes hoy en día. Aunque a los padres les parezca extraño eso del Facebook o que su hijo esté enviándose emoticonos o frases ininteligibles con el amigo con el que ha estado charlando dos horas por teléfono. Los adolescentes necesitan comunicarse tanto como sea posible con su grupo de iguales. Antes se encontraban en un parque y charlaban. Ahora hacen lo mismo pero tienen la posibilidad, además, de seguir charlando desde cualquier otro sitio.

No hay que tenerle miedo a esa realidad que se instaló en nuestra vida y en la de los adolescentes. Es una realidad virtual, sí, pero ya forma parte de nuestra realidad. En primer lugar, hay que tener en cuenta que los adolescentes, cuando viven en lo virtual, no están del todo desconectados. Muchos adolescentes me cuentan que utilizan los chats de los videojuegos para relacionarse con otras personas. Un adolescente me contaba que se hizo amigo de su contrincante de Apalabrados. El adolescente quiere jugar, es decir, crear un mundo en el que pueda dominar a su antojo a sus personajes y las situaciones que en ellos haya. Por eso no me opondría directamente y sin más a los videojuegos que tanto furor causan entre los adolescentes. Eso sí, hay que revisar su contenido para, por ejemplo, evitar los que son excesivamente violentos. Los adolescentes necesitan esos espacios transicionales, espacios que están a medio camino entre la realidad y la fantasía.

Lo que estaría muy bien es que se fomentara una mayor inversión en juegos inteligentes que favorezcan la comunicación entre los adolescentes y que sean cada vez más imaginativos e incrementen la inventiva de los mismos. Además, no hay que olvidar que hay adolescentes que son auténticos magos con los ordenadores, lo que se puede acabar convirtiendo en una excelente salida laboral.

Últimamente, por cierto, los padres andan bastante preocupados con Instagram, una red social que crece y que permite compartir fotografías. Los padres están asustados porque los adolescentes cuelgan sus fotos en una red para compartirlas (el fantasma del abusador sexual vuelve). Pero también es la oportunidad de iniciarse en un *hobby* como la fotografía. Dejemos explorar a los adolescentes. Lo virtual al servicio de lo real.

Otro ejemplo. ¿Es malo «El Rincón del Vago»? Se trata de una página web en la que los adolescentes comparten trabajos del colegio. Ahora parece ser que ya está algo obsoleto, pero no es malo porque incentiva la colaboración entre ellos (cuelgan sus trabajos) y enseñan a investigar, en el sentido de que tienen que ponerse a buscar material por Internet.

NO CASTIGUE A SUS HIJOS
QUITÁNDOLES INTERNET

Por eso creo que no es aconsejable que los padres prohíban a sus hijos el uso de Internet o de las redes sociales, por ejemplo. Si el hijo no colabora en casa o no se esfuerza por aprobar, pueden encontrar otra forma de motivarle. Aparte de que yo no creo en los castigos, amputar una parte tan importante de su vida social puede empeorar el estado psicológico de los adolescentes. Para los adolescentes es tan fundamental comunicarse con sus iguales, sentir que forman parte de un grupo de iguales, que quitándoles Internet, aunque sea esa comunicación en un plano virtual, puede poner en riesgo la salud mental de su hijo.

«ES QUE SE PASA TODO EL DÍA
CON EL ORDENADOR»

Otra cosa es que el adolescente llegue a casa y se pase cinco horas diarias con las redes sociales o con los videojuegos. En este caso sí que habría que actuar, porque no puede aislarse de esa forma de su familia. Yo no soy partidario de decir que un adolescente puede estar una hora exacta cada día ante el ordenador. Si obtiene buenas notas, cena con su familia, tiene buena relación con sus padres... no veo que haya que poner un límite exacto. Pero si el problema es que es *adicto* a las redes sociales o a los videojuegos, la obligación de los padres es poner un límite.

Y OFRÉZCALE ALTERNATIVAS ATRACTIVAS

Pero la solución a este problema no pasa únicamente por el límite. Si su hijo se aísla tantas horas con las nuevas tecnologías es porque, seguramente, no encuentra atractivos en su vida familiar. Vale que los adolescentes no bailan de alegría cuando cenan con sus padres, pero otra cosa bien distinta es que por sistema prefieran siempre jugar al último videojuego mientras devoran un sándwich que han recibido de su madre, a la que ni siquiera han dado las gracias por la cena. Así que, vale, limite las horas que su hijo puede pasar con las nuevas tecnologías, pero plantéese, también, qué puede mejorar en su vida familiar para integrar a su hijo adolescente en ella. Aunque otra cara del problema es que hay padres que evitan compartir tiempo con sus hijos.

La obsesión por los ídolos

Tiene toda la habitación forrada de pósters de Justin Bieber. Y, cuando al tal Bieber se le ocurre dar un concierto en su ciudad, su hijo adolescente está dispuesto a dormir una semana en la calle con tal de conseguir la primera entrada. No se preocupe, esta obsesión es algo normal en la adolescencia. Muchos padres se preocupan en exceso por esta especie de abducción que experimentan sus hijos. Pero los adolescentes necesitan modelos en los que identificarse. Como ya he comentado varias veces, su personalidad está en proceso de construcción en este período de su vida. Empiezan a asomarse al mundo de los adultos. Admiran a cantantes o a deportistas porque son personas de éxito y, además, atractivas físicamente.

Para los adolescentes, fantasear con sus ídolos, escuchar todo el día al mismo cantante, es una forma de salir del ámbito familiar. Es una manera de, por lo menos en la fantasía, sentir que forman parte de otro mundo. Es una manera de alejarse de la familia para acercarse a otros ideales. Esos ídolos transmiten energía a los adolescentes. En el sentido de que el adolescente que fantasea con ser el próximo delantero del Real Madrid, o el próximo cantante de moda, se siente vivo de esta manera. Digamos que esta fantasía le ayuda a tirar del duelo de la infancia que está dejando atrás y le impulsa al mundo de los adultos. Le permite proyectarse hacia delante... aunque sea hacia un objetivo totalmente irrealizable. De acuerdo que todos sabemos que no se convertirá en delantero del Real Madrid o cantante de éxito. Pero esa fantasía le ayuda psicológicamente a dejar atrás la infancia. Luego, la realidad se irá imponiendo y el adolescente, como hacemos todos, tendrá que hacer pactos con ella porque no podrá vivir sus fantasías. Pero no es aconsejable castrar esas fantasías, decirle que deje de pensar en bobadas, reírse de los ídolos a los que adora, porque, para el adolescente, son muy importantes desde un punto de vista psicológico. Insisto, no es preocupante que un adolescente esté obsesionado con un ídolo, porque necesita la energía psicológica que este le proporciona.

ÍDOLOS DE LA SOCIEDAD DE CONSUMO

No hay que olvidar, por otro lado, que la sociedad de consumo sabe muy bien cómo crear y promocionar estos ídolos. Especialmente porque promueven un tipo de consumo en una población absolutamente sobornable por la imagen de sus ídolos: extrafamiliar y ajena a los ideales conocidos o tolerados en casa. Estos ídolos de adolescentes se transforman en tales porque están al servicio de lo necesario en estas edades. Se presentan como estereotipos de lo ideal a conseguir. ¿Recuerdan a las Spice Girls? Un increíble fenómeno entre los adolescentes. Y una estrategia de marketing la mar de eficaz, porque cada una era un modelo específico: la deportista, la alocada, la informal, la formal y la adolescente. Cada una de ellas era un modelo a seguir y adorar.

Los adolescentes admiran a sus ídolos y, muchas veces, los imitan. Ahí está el negocio, ya que compran sus discos, su misma ropa... Intentan comprar el mismo estilo de vida de las personas a las que idolatran. Como decía, necesitan separarse de sus padres y vestirse con nuevos ideales. Justin Bieber o Lady Gaga son extremos opuestos de lo que son la inmensa mayoría de los padres. Un adolescente que esté demasiado de acuerdo con sus padres casi podríamos decir que vive una adolescencia que no le pertenece. Lo normal es que se diferencie de los padres y que, para ello, se mire en sus ídolos.

Los adolescentes se encandilan con su propia imagen y con la imagen de sus ídolos; para adorar la imagen de sus ídolos llenan su diario, su habitación y lo que haga falta con ellos. Y observan a sus ídolos y su propia imagen en el espejo para intentar descubrir quiénes son y quiénes pueden llegar a ser.

LADY GAGA, JUSTIN BIEBER Y MILEY CYRUS

Sí, aberrantes, escandalosos y transgresores. Por eso, usted no los aguanta y, por eso, su hijo adolescente los adora. Da la impresión de que los ídolos juveniles son cada vez más bizarros. Es como si los ídolos imperantes fueran cada vez más y más opuestos a la moral y las costumbres imperantes. Y creo que eso se debe a que hace cuarenta años, por ejemplo, en una sociedad muy tradicional, que un hombre se dejara el pelo largo ya era transgresor. En la actualidad, nuestra sociedad es mucho más permisiva y, por tanto, más difícil de escandalizar. Hay que hacer más ruido, hay que vender más sexo, hay que mostrarse más y más excéntrico. Así que los ídolos de los adolescentes suben la apuesta. Tienen que ser muy raros y transgresores para llamar la atención. Para hacerse notar en el duro mercado de los ídolos. De ahí las absurdas (para usted y para mí) maneras de vestir de Lady Gaga, los escándalos un día sí y otro también del pospúber Bieber y esa manía de sacar la lengua o dejarse fotografiar orinando de Miley Cyrus. Parecen idiotas, pero se trata de una campaña de marketing que va como una flecha a las fantasías de los adolescentes y su necesidad de transgresión y de diferenciarse de los padres.

PERO ES QUE MI HIJO QUIERE ACAMPAR UNA SEMANA PARA COMPRAR ENTRADAS PARA EL CONCIERTO DE JUSTIN BIEBER

Entiendo que este comportamiento u otros parecidos que demuestran una pasión intensa por algún ídolo le preocupe. Mi consejo: no se preocupe. Los adolescentes son raros, excesivos y algo obsesivos. Tienen un amigo íntimo del que no quieren separarse, se quieren poner siempre la misma camiseta y se pasan el fin de semana escuchando la misma canción de moda una y otra vez. A usted, y a mí, le parece una pérdida de tiempo acampar en plena calle para comprar entradas para un concierto y turnarse con otros adolescentes. No le encuentra el sentido. Pero piense en la importancia que puede tener un ídolo para un adolescente. Para muchos de ellos son parte fundamental de su vida. Pero ¿eso no es patológico?, quizá vuelve a preguntarse usted. No, es normal. Forma parte del desarrollo normal del adolescente. Del mismo modo que los niños de 3 años son completamente egocéntricos, viven para sus necesidades, lo quieren todo para ellos. Piense que, por lo menos, su hijo tiene ídolos. Mientras no le animen a consumir drogas ni a cometer ilegalidades, mientras le sirvan para fantasear con otros mundos, no se preocupe. Esta obsesión, como la misma adolescencia, se cura con el tiempo.

¿TIENE USTED CELOS DEL ENTRENADOR DE FÚTBOL DE SU HIJO?

Además de los ídolos que la sociedad de consumo les ofrece a los adolescentes, en muchos casos nos encontramos con figuras adultas que ocupan un lugar de idealización para ellos. Son adultos que representan de un modo u otro el ideal de adultos que el adolescente se va construyendo. De esta manera surgen en la pubertad relaciones de verdadera idealización con respecto a profesores, monitores, tíos, los padres de otro adolescente. Algunos padres se sienten muy celosos y rechazados. Ya no son el centro del mundo para su hijo. Pero estas relaciones son muy enriquecedoras, ya que ese adulto encarna un ideal en el que el adolescente necesita mirarse. Quizás es un adulto muy gracioso (cuando el padre es más bien serio), quizás es un entrenador de fútbol (cuando al padre no le gusta este deporte que el hijo adora), quizás es un adulto al que le encanta viajar y siempre tiene alguna anécdota interesante (cuando el padre odia coger un avión). Siempre son adultos que ofrecen algo muy diferente de lo que ofrecen los padres. Entiendo que los padres se sientan celosos, porque ven que otro adulto está ocupando parte del lugar que creen que les corresponde a ellos. Pero piense que su hijo está mirando a los adultos, buscando identificarse en ellos, porque está a punto de entrar en la vida adulta. Necesita modelos para saber qué le gusta y qué no le gusta, qué quiere ser y qué no quiere ser. No le basta únicamente con sus padres.

Qué puede hacer un adolescente en casa

Ah, las grandes discusiones por bajar la basura, por ir a hacer la compra, por hacerse la cama. Horas y horas de *mal rollo*, de malas caras, de reproches... Las responsabilidades domésticas generan no pocas discusiones entre padres e hijos. En muchos casos pueden arruinar la convivencia familiar. Pero está claro que el adolescente no vive en un hotel. Evidentemente, los adolescentes tienen que dedicar muchas horas a estudiar, pero para ellos es fundamental que asuman responsabilidades en el hogar. Pero no únicamente con el objetivo de descargar de trabajo a los padres. Si la adolescencia es una transición entre la vida infantil y la vida adulta, las responsabilidades del hogar ayudan en esa transición. Ser adulto no es solo tener libertad para entrar y salir de casa o dinero para irse de copas. Implica hacer frente a responsabilidades, como las del hogar.

¿QUÉ DEBERÍA HACER Y QUÉ NO DEBERÍA HACER UN ADOLESCENTE EN CASA?

Podríamos decir que la responsabilidad más importante del adolescente es formarse. Es decir, estudiar. También tiene que tener tiempo para hacer vida social, para estar con sus amigos. Y, aparte de todo eso, también debe tener tiempo para ayudar en casa. Quizás en épocas de exámenes, si el adolescente está muy estresado, se puede rebajar este nivel de implicación en las tareas de la casa. Pero es muy importante que el adolescente sepa, que tome conciencia, de que tiene que responsabilizarse de algunas tareas de la casa.

En todo caso, me gustaría poner el acento en lo que creo que es un error que se comete en bastantes familias. Muchos padres implican a los adolescentes en las tareas del hogar, pero de forma individual. Es decir, le piden al adolescente que vaya a comprar solo, que ponga la mesa solo o que cocine solo. Todos vamos con mil prisas, queremos optimizar el tiempo, y da la impresión de que es mejor que cada uno se ocupe de una cosa. Pero las tareas del hogar, aparte de que enseñan a los adolescentes a asumir responsabilidades, también tienen importancia en el sentido de que ayudan a vincular un poco más a los miembros de la familia. Por eso creo que los adolescentes deben asumir responsabilidades que tienen que ver con todos los miembros del hogar. Responsabilidades que implican que los miembros de la familia se cuidan unos a otros. Por ejemplo, bajar la basura, ir a hacer la compra, poner y quitar la mesa, cocinar... Pero creo que, por lo menos de vez en cuando, sería interesante que toda la familia realizara estas actividades conjuntamente. En cambio, se aplica un orden casi empresarial, en el que cada uno tiene una misión asignada. Como si el hijo fuera responsable del departamento de compras; la madre, del de cocinar, y el padre, de las reparaciones y transporte. Considero que, en estos tiempos en los que es tan difícil pasar tiempo juntos, es muy necesario que los miembros de la familia realicen algunas tareas del hogar juntos. Porque se supone que eso es una familia, ¿no? Hacer vida familiar, compartir, convivir.

Aunque, por otro lado, no pocos padres me dicen que prefieren no compartir las tareas del hogar con su hijo adolescente porque, por ejemplo, «no tengo ganas de ver su cara de aburrimiento cuando corta lechuga» o «no quiero ver sus malos modos cuando le pido que me acompañe a hacer la compra». Bueno, pues tendrán que elegir entre una vida familiar con departamentos estancos o compartir actividades con sus hijos a pesar de que estos no se muestren entusiasmados. Si un adolescente corta lechuga encantado de la vida, mejor que mejor. Si corta lechuga con cara de aburrimiento, lo que suele ser lo normal, tampoco creo que sea tan grave.

¿Y por qué no jugar a masterchef en casa? ¿A usted no le gusta comer bien? ¿No le gusta que su hijo coma bien? Jueguen a ser chefs en casa. Por ejemplo, que el adolescente prepare la cena para todos, que invente, que sorprenda... La clave es hacer que participe pero de una manera creativa y divertida. Hay que intentar hacer creativas las rutinas. ¿Su hijo sabe de Internet y lo maneja perfectamente?, ¿sabe usted que ya en todas las cadenas de supermercados pueden hacer la compra *on line*? No lleve a su hijo toda una tarde de sábado a una gran superficie. Pídale que le ayude a hacer la compra en Internet.

Por cierto, una de las peleas más habituales es la de si el adolescente debe hacer su cama cada mañana. Cuántas discusiones genera este tema en muchas familias... Este es un tema que está relacionado con la habitación del adolescente y, por tanto, con su privacidad. Y como la habitación del adolescente es un asunto tan complejo e interesante, es mejor tratarlo aparte, en el siguiente capítulo.

En la habitación del adolescente

La habitación es un espacio absolutamente fundamental para el desarrollo psicológico de los adolescentes. Creo que muchos padres no son verdaderamente conscientes de la relevancia que tiene este espacio para la vida de un adolescente. Por un lado, la habitación le permite al adolescente sentirse como un adulto, independiente, como si viviera en su propia casa. En su habitación está solo, con su propia intimidad. Es el único espacio que es verdaderamente suyo. Es su apartamento. Puede poner sus pósters, puede decorarlo, puede relajarse en la cama leyendo un cómic... Por otro lado, se trata de una guarida en la que se refugia de las tormentas propias de su edad. Un refugio en el que se siente seguro, a salvo. Por eso es tan importante que la habitación esté a su gusto. Porque es un espacio que siente suyo y, además, es un refugio. «Ya, pero es que hay pósters raros, nunca hace la cama y todo está desordenado», se quejan muchos padres. Sí, y entiendo que le fastidie, pero es que la habitación forma parte de la intimidad del adolescente. Muchos padres no entienden la extraña decoración que eligen sus hijos adolescentes para su habitación. Por ejemplo, cuando son apenas unos púberes, conviven los pósters de la última película de Walt Disney con el ídolo de moda de los adolescentes. Extrañas mezclas porque los adolescente son así, extraños y contradictorios a ojos de los adultos. La adolescencia es el período de transición entre la infancia y la vida adulta. Y eso se ve claramente en las habitaciones de los adolescentes. Con el paso del tiempo, van desapareciendo las huellas del pasado infantil.

«Ya, ya, pero es que la habitación está desordenada, no se hace la cama...» Bueno, pues quizá mi planteamiento le choque, porque considero que los adolescentes pueden tener su habitación como les venga en gana. Insisto, su hijo adolescente necesita que su habitación sea un reflejo de su mundo interior, de sus gustos y sus necesidades. Quizás a usted le gusten los cuadros de paisajes de la campiña inglesa porque le parecen muy relajantes. Pero es su hijo quien tiene el derecho y la responsabilidad de decorar su habitación.

EL ORDEN Y LA LIMPIEZA

Palabras que pueden significar cosas bien distintas para padres y adolescentes. Ya he dicho que creo que los adolescentes pueden tener la habitación como quieran. No me parece que haya que obligarles a que esté perfectamente ordenada o limpia. Creo que son ellos quienes tienen que hacerse completamente responsables del orden y la limpieza de su habitación, y eso implica, por tanto, que ellos decidan, según sus criterios, cómo quieren decorarla y cuándo y cómo quieren limpiarla. Muchos padres se escandalizan ante estas ideas. «Pero ¡es que es nuestra casa! Nosotros pagamos la hipoteca y las facturas...» No me parece que eso sea relevante. El objetivo de los padres es acompañar a sus hijos desde la dependencia total hasta la independencia total. Durante la adolescencia, por tanto, tienen que facilitar a sus hijos espacios de responsabilidad, como la habitación. Y responsabilidad implica delegar en ellos. Confiar en ellos. Para que, de este modo, se vayan sintiendo adultos. Hay padres que infantilizan a sus hijos decorando su habitación según su propio criterio. De este modo, entorpecen el viaje de sus hijos hacia el mundo adulto.

Pero también opino que todo tiene sus límites. Una cosa es que el adolescente siga sus propios criterios en cuanto al orden y la limpieza, y otra cosa es que la falta de higiene suponga un riesgo o una molestia para el resto de la familia. En este caso, por supuesto, se puede y se debe intervenir. Algunos adolescentes son tan caóticos que se olvidan bocadillos durante semanas o meses entre la ropa revuelta. Eso, por supuesto, no se debe permitir. Además, lo importante es que el orden, o el desorden, de la habitación le sirva al habitante de la misma. Hay habitaciones que parecen un caos, pero el adolescente sabe perfectamente dónde están las cosas.

HACERSE LA CAMA O NO, ESA ES LA CUESTIÓN

Voy a detenerme en una de las grandes disputas entre padres e hijos adolescentes desde la noche de los tiempos: hacer la cama o no hacerla. Pues muy sencillo, si el adolescente quiere hacer la cama, que la haga; y si no, que no la haga. Hay muchos padres que no entienden esta postura. Pero vuelvo a lo que decía antes: la habitación forma parte de la intimidad de un adolescente y, según mi punto de vista, puede elegir entre hacer la cama o no. No veo qué peligro puede tener no hacerse la cama. Cuando los padres me dicen que no pueden soportar ver la cama de su hijo sin hacer, el único consejo que puedo darles es que le pidan a su hijo que cierre la puerta de su habitación. Y cuando me dicen que sienten vergüenza cuando tienen visitas en casa, les comento que no veo por qué las visitas tienen que entrar en la habitación de sus hijos adolescentes.

CLARO QUE SE PUEDE NEGOCIAR

En realidad, en estas disputas se está dirimiendo algo más importante que hacer la cama o no. Se están enfrentando un proyecto de adulto y unos padres que se resisten a dejar que su niño crezca y que, por tanto, tome sus propias decisiones, sean estas las que sean.

Por otro lado, aunque yo defiendo que hay que respetar las decisiones que toma el hijo con respecto a su habitación, los padres también pueden negociar. Pongamos como ejemplo una situación que pasa muy a menudo. La madre se esmera en lavar y planchar la ropa de su hijo adolescente. Y este la tiene hecha un revoltillo en el armario. Pues me parece completamente lícito que la madre le diga a su hijo que no le seguirá planchando la ropa si la guarda de cualquier manera. En estos casos, muchos adolescentes descubren repentinamente los beneficios de mantener cierto orden en la habitación. Claro que se le puede pedir al hijo adolescente que limpie la habitación. Se puede llegar a pactos. Por ejemplo, que limpie la habitación una vez por semana. Que se niega. Pues no le haga la cena mientras no limpie su habitación. Un adolescente ya puede prepararse la cena. Si no quiere mantener unas condiciones mínimas de higiene en su habitación, claro que los padres pueden plantarse. Y recomiendo que no entre otra persona a limpiarla. Primero, porque se trata de una responsabilidad que debe asumir el adolescente. Y, segundo, porque se acostumbrará fácilmente.

La verdad es que, en muchas ocasiones, no es sencillo llegar a acuerdos en lo que respecta a la habitación. En mi opinión, las líneas rojas son la seguridad y la higiene.

Aunque soy consciente de que colocando las líneas rojas aquí los padres las moverán hasta sus propios límites. Es importante destacar que no vale hacer trampas. Muchas madres me han confesado que «toleran» el desorden de la habitación del hijo pero es cuando la persona que ayuda en la limpieza de la casa le piden que «haga» la habitación del «niño». Los adolescentes no pueden tener la habitación en condiciones insalubres para ellos o para los demás o hacer cosas peligrosas en ella o que puedan molestar a los demás. Por eso se les puede pedir que mantengan unas mínimas condiciones higiénicas o que no fumen, ya que, aparte de que es malo para su salud, molesta a otras personas de la casa.

La habitación, una ventana al mundo interior del adolescente

¿Quiere saber cómo anda el estado de ánimo de su hijo adolescente? Pues eche un vistazo a su habitación. Muchos padres creen que un adolescente sano es el que tiene la habitación ordenada, impoluta, sin pósters «ni cosas raras». Todo lo contrario. La habitación normal de un adolescente normal es la que está llena de cosas, de fotografías de amigos, de pósters de grupos de música que a usted le parecen raros... Es una habitación que, a pesar de que esté desordenada, está personalizada. Una habitación que parece la habitación de un hotel sería extraño en el caso de un adolescente. En el otro extremo, otros signos de que quizá su hijo adolescente no está pasando por un buen momento es que haya huellas de puñetazos o patadas en la puerta o que la falta de higiene sea exagerada. Porque, aunque a los adolescentes no les suele importar demasiado el orden, tampoco les suele gustar vivir en una pocilga.

«YA, PERO ES QUE REALMENTE NO PUEDO SOPORTAR CÓMO TIENE LA HABITACIÓN»

Vale, ha leído hasta aquí pero sigue sin aceptar la idea de que su hijo tenga la habitación como él desee. Le lanzo un par de ideas más para que, si le parece bien, reflexione sobre ellas. Muchas veces, las discusiones por el orden de la habitación se convierten en auténticas batallas. Tenga en cuenta que meterse con la habitación de un adolescente es como meterse con su identidad. Para el adolescente, su habitación es un reflejo de su identidad. Muchos padres cometen un error que, a mi juicio, es bastante grave. Critican la habitación de su hijo o la ridiculizan. No entienden el caos o el estilo decorativo de su hijo. Pero, si la habitación es un reflejo del mundo interior del adolescente, al criticarla o reírse de ella están criticando o riéndose de la identidad de su hijo. Es un ataque directo a su identidad. Por eso muchos adolescentes defienden con uñas y dientes sus criterios de orden (o desorden) o sus gustos decorativos. No porque tengan en mente fastidiar el día a sus padres, sino porque están defendiendo su identidad y su territorio.

Adolescentes recluidos en su habitación

Hay adolescentes que llegan a casa y se encierran en su habitación. Apenas si salen de ella para ir al lavabo o prepararse un sándwich y volver a ella. Es evidente que esto es síntoma de que le pasa algo. Quizás está deprimido. Lo que está claro es que hay que hacer algo para cambiar esta dinámica, porque los adolescentes tienen que pasar tiempo con la familia. El problema es que, hoy en día, los adolescentes encuentran en su habitación todo un universo en el que tener una vida paralela. Un ordenador y una buena conexión a Internet les permite distraerse y olvidarse del mundo exterior. Cuántas horas puede permanecer un adolescente en su habitación jugando con el ordenador, pensando en las musarañas o haciendo lo que sea... No soy especialmente partidario de marcar criterios fijos, porque cada adolescente es un mundo. Pero si un adolescente va bien en el colegio, hace vida social y tiene una buena relación con sus padres, no le veo el sentido a imponerle que solo puede estar una hora ante el ordenador, por ejemplo. Otra cosa es que tenga problemas en los ámbitos citados. En este caso, sí hay que poner un límite porque, seguramente, se encierra en la habitación para evadirse. Y si no hay forma de que salga de esta situación, recomiendo iniciar una psicoterapia.

El derecho a la intimidad

Cuando los niños tienen dos, tres, cuatro años; cuando están en la infancia, los padres tienen que enseñarles que hay espacios de intimidad propios de los adultos. Que no pueden entrar en la habitación de sus padres sin llamar. Los niños deben aprender que los adultos se duchan solos o van al lavabo solos. Si este aprendizaje de la intimidad funcionó, no lo estropee. Recuerde que muy inteligentemente usted se lo enseñó y usted también necesita esos espacios de intimidad. Por eso no veo correcto que los padres revisen los cajones de la ropa de sus hijos adolescentes. ¿Cómo se sentiría usted si alguien revisara sus cajones? Muchos chicos se enteran de la existencia de preservativos en casa por mirar en los cajones de los padres. La intimidad es algo que los humanos necesitamos. Se empieza a aprender en la infancia pero se consolida en la adolescencia.

«Claro que reviso el móvil de mi hijo siempre que puedo», me comentaba el otro día un padre con toda la naturalidad del mundo. Pues considero que los padres no tienen derecho a espiar el móvil de sus hijos. Y, por supuesto, creo que los padres no tienen derecho a registrar la habitación de sus hijos. Algunos padres, a pesar de que su hijo no les dé motivos para preocuparse, aprovechan la ausencia del adolescente para realizar un registro. Recuerdo a una madre que me decía que había revisado la habitación de su hija de 15 años de arriba abajo y no había encontrado nada interesante. Yo le pregunté que qué esperaba encontrar. Y ella me dijo: «No sé, cartas secretas o cosas así que me expliquen más sobre ella.» El problema fue que la hija descubrió los registros y se enfadó, y con razón, con la madre.

SECRETOS DEL CORAZÓN

Lo secreto y los secretos forman parte de la vida de los adolescentes. Necesitan un espacio privado y secreto. Un espacio que es su habitación, su diario íntimo, su móvil. Es muy corriente que los adolescentes escriban un diario íntimo, una especie de amigo al que le explican todo. Hay adolescentes que pasan horas y horas escribiendo en sus diarios las anécdotas de la vida cotidiana, sus descubrimientos y sus sinsabores.

Es algo que suelen realizar los adolescentes más jóvenes. Y luego reemplazarán o combinarán sus comunicaciones escritas con verdaderas relaciones de amistad. Su diario y el amigo íntimo ocupan un lugar de confidencias envidiado por muchos padres. Celosos por querer ocupar un lugar que no les corresponde, los padres cometen a veces una imperdonable intromisión. Aprovechan la ausencia de sus hijos para leer sus diarios íntimos, irrumpiendo de este modo en la necesaria intimidad del adolescente, o bien arremeten contra el amigo o amiga del púber, tratando de mostrar a su hijo lo malo de esa relación, actitud que no hace más que reforzar esa relación amistosa ya que significa el principio de una esperada independencia.

Lo secreto del diario se convierte en secretos con el amigo o con el grupo. Con ellos, el adolescente podrá intercambiar miedos e ideas. Se trata de un ámbito del que los padres se sienten desplazados. Pero tiene que ser así. El adolescente necesita esa intimidad. Por eso no es lícito que los padres espíen su perfil de Facebook, su correo electrónico, su teléfono móvil, su habitación, su diario... o cualquier otro espacio que sea íntimo y privado para los adolescentes. Del mismo modo que los padres también tienen derecho a su intimidad y no tienen por qué explicar a sus hijos todo lo que les sucede o preocupa. Los padres no tienen por qué (ni deben) explicar a sus hijos cómo les va su vida sexual, si tienen un amante, si fantasean con esto o con lo otro... Hay cosas que no hay que explicar. Pues los adolescentes también tienen derecho a su intimidad.

«PERO ¿Y SI CREEMOS QUE ESTÁ TOMANDO DROGAS?»

Incluso aunque los padres sospechen que su hijo adolescente está consumiendo drogas, por ejemplo, hay que evitar convertirse en espías. Hay padres que me comentan que cómo no van a tener derecho a rebuscar entre las cosas de su hijo si creen que este puede estar metido en algún lío. Y yo me pregunto: «Y por qué no, sencillamente, hablan con él.» Quizá no tienen que preguntarle directamente si está tomando drogas. Pero por qué no le dedican más tiempo, por qué no intentan saber cómo se encuentra, por qué no intentan conocer mejor a su hijo. Hay padres que apenas hablan con sus hijos, pero están «terriblemente preocupados por lo que les pueda pasar». Pues creo que, en lugar de rebuscar en el cajón de los calzoncillos, lo mejor es charlar con su hijo y construir una relación de confianza para que este se sientan cómodo y pueda compartir sus preocupaciones. Quizás el primer día el hijo no les contará sus preocupaciones. Pero si se esmeran en construir un vínculo de confianza lograrán que su hijo se abra a ellos cuando tenga verdaderos problemas.

«¡Que vuelvas como muy tarde a las diez!»

«¡Que te he dicho que a las diez!», grita el padre. Y el hijo: «Que no, que a las diez es muy pronto.» Y así se puede entrar en un bucle que parece no tener fin. Las discusiones sobre los horarios, y, más concretamente, sobre la hora de regreso a casa, es una de las más problemáticas entre padres e hijos. Para los padres, cuando se hace de noche parece que todo sean peligros y que su hijo puede sufrir mil y una desventuras. Para los adolescentes, en cambio, volver a casa cuanto más tarde mejor les permite saborear el placer de sentirse adultos e independientes.

DISCUTIR, DISCUTIR Y DISCUTIR

Muchos padres me preguntan que qué pueden hacer para acabar con las discusiones sobre los horarios. Y les digo que no, que, precisamente, discutir es lo más saludable que pueden hacer con sus hijos. Como ya he señalado en la introducción, los hijos adolescentes necesitan padres a los que enfrentarse. Necesitan límites. Necesitan diques para sus deseos. Un caso muy típico. Un adolescente de 17 años que quiere salir de noche con los amigos. Los padres le dicen que vale, pero que tiene que estar en casa a las tres de la mañana. Y el adolescente replica que no, que todos sus amigos vuelven a las cinco y media porque el metro abre a las cinco. Y los padres que no, que como mucho a las cuatro. Y el adolescente dice que vale... y llega a las cinco y media. Sí, el adolescente se ha saltado un límite. Pero los padres, por lo menos, se lo han marcado. Aunque los padres sepan que su hijo va a llegar a las cinco y media porque no tiene dinero para un taxi, es saludable que discutan con él. Es una forma de decirle: «No puedes hacer lo que te dé la gana.» Y luego, que le impongan alguna penalización, la que deseen, por llegar tarde. Aunque este caso pierde cierta validez por el peso de la realidad. Si usted sabe que el metro abre a las 5 y quiere que su hijo regrese a las 4, dele dinero para un taxi o admita que el metro o el autobús o lo que sea tienen unos horarios. Su hijo no está solo. Seguramente, si está discutiendo sobre horarios es porque se encontrará con un grupo de amigos que tuvieron la misma discusión en sus casas; es una discusión universal. ¿Ha probado a preguntarle a su hijo: «¿A qué hora puedes comprometerte a llegar sin mentirme?» La cuestión de la penalización entonces aparece cuando el adolescente miente e igualmente no cumple lo pactado.

Recuerdo que unos padres estaban hartos de que su hijo llegara siempre más tarde de la hora pactada. Así que decidieron cerrar la puerta por dentro. El adolescente tenía que dormir en el rellano. Y, cuando los padres se levantaban por la mañana, abrían la puerta. ¿Estoy diciendo que hay que aplicar esta receta con todos los adolescentes? No, porque algunos pueden reaccionar de mala manera. Con este adolescente funcionaba. Asumía que llegar tarde tenía una penalización. Otros padres deciden que, si su hijo llega tarde, ese fin de semana no le hacen la comida. Para cada adolescente hay una penalización que sirve para transmitirle un mensaje: «OK, has llegado tarde, pero que sepas que, aunque no podemos ir buscarte a la discoteca y traerte a rastras a casa, hay límites que tienes que cumplir.» La confrontación es saludable. A veces es incómoda, lo entiendo. No es necesario perder los nervios ni gritar ni dar portazos. Pero el adolescente necesita que se le recuerde: «Por mucho que te creas un adulto, por mucho que te creas que puedes hacer lo que te dé la gana, no es así.»

Lo ideal es llegar a pactos y que, claro, se cumplan. A muchos padres no les hace ninguna gracia que su hijo llegue a las tantas. Pero pueden llegar a pactos. «Vale, te dejamos llegar a las seis de la mañana los sábados durante las vacaciones si apruebas todas las asignaturas y colaboras en las tareas de la casa.» Un adolescente que obtiene buenas notas, que colabora en casa y que tiene buena relación con la familia está demostrando que es responsable. Así que me parece bien que, si los padres lo estiman oportuno, le concedan el privilegio de llegar tarde. Es una muestra de confianza.

LA FORTALEZA DE SER PADRE

El problema es que algunos padres no se sienten con fuerzas para enfrentarse a sus hijos. El niño se ha convertido en un cuasi adulto. Es más alto que sus padres y, cuando pierde los nervios, puede ponerse agresivo. Y hay padres que prefieren dimitir de sus funciones, que prefieren evitar la confrontación, que no se sienten con fuerzas para enfrentarse a su hijo adolescente. O que le dicen que si llega más tarde de tal hora se encontrará la puerta cerrada, pero luego se arrepienten y la dejan abierta. Entonces, claro, pierden todo su prestigio y autoridad como padres.

LOS ADOLESCENTES Y EL TIEMPO

Ya he hablado de este tema en la introducción, pero es que el problema del tiempo, de cómo viven los adolescentes el tiempo, explica por qué muchos llegan casi siempre o siempre tarde a casa. «¡¡No tengo tiempo!!» Esta es una exclamación típica que podemos escuchar cientos de veces entre los adolescentes. «No tengo tiempo para estudiar, no tengo tiempo para hablarle a fulano, no tengo tiempo para comprar ropa, para vestirme, para comer, para desayunar, para salir...» Parecería como si el tiempo pasara a ser una categoría imposible de ser domada por los jóvenes. Algunas escenas de la vida cotidiana nos demuestran estos inconvenientes con el tiempo. Cómo entender si no la cantidad de tiempo que un adolescente se pasa frente al espejo arreglándose mientras se lamenta desesperadamente de que no llegará a la cita prevista por falta de tiempo. El tiempo de las conversaciones telefónicas parece distenderse en sí mismo, provocando la ira de padres que argumentan en vano caras facturas. Es absolutamente común encontrarse con un adolescente que acaba de despedirse de su íntimo amigo y que a los cinco minutos recibe la llamada del mismo para seguir charlando: «Es que no tuvimos tiempo para hablar de tal cosa...»

Se trata de un tiempo que se desentiende de la realidad de los relojes o de las imposiciones paternas. Algo que se ve claramente en el espacio del tiempo libre. Decía un adolescente: «Hasta las tres de la mañana no hay nadie en la disco, así que me voy a casa de mi amiga, porque no están sus padres, y allí nos preparamos para salir. Primero vamos a un bar a eso de las tres y media, así no somos las primeras. Luego a eso de las cinco nos pasamos por otro sitio, y si la noche termina bien, a las siete volvemos a casa...» El tiempo de la noche se estira para el consumo y satisfacción de los adolescentes.

En sus lugares de encuentro el tiempo «pasa volando». Allí se encuentran en un espacio sin noción del tiempo o del cansancio. Se sienten como tripulantes de una nave que escapa de las realidades del mundo. Navegan por un tiempo propio solo compartido por sus pares, un tiempo al que cuesta ponerle un límite, un final, muchas veces impuesto desde fuera y nunca de común acuerdo. Las discusiones sobre la hora de llegada son ya un clásico en la dramaturgia familiar. Las negociaciones respecto a la hora de llegada se transforman en cuestiones de Estado. Y la armonía familiar parece quebrarse por unas horas de más o de menos. Hay que tener en cuenta que, en muchas ocasiones, los adolescentes llegan tarde a casa porque se despistan con el tiempo. No siempre «porque les da la gana». Tienen una relación diferente con el tiempo. No lo controlan tan bien como los adultos. No miran sus relojes. Charlan con sus amigos y, de repente, se dan cuenta de que se les ha pasado la hora y salen corriendo a casa. Aprender a manejar una categoría como el tiempo... requiere su tiempo.

¿Qué hacer con el tiempo libre?

Por otro lado, me gustaría señalar que la sociedad no acaba de ofrecer espacios y tiempos para que los adolescentes disfruten de tiempo libre de calidad. Solo basta echar un vistazo a los programas televisivos de éxito. Cuando un programa triunfa, hacen la versión *kid* o adolescente, ya sea con un concurso de cocina o de cantantes. Programas en los que la actitud que hay detrás es la de «sáltate la adolescencia», «compórtate como un adulto», «compite». O hay programas como *Hermano mayor*, donde se muestran casos de alto riesgo y se presenta a los adolescentes como peligros públicos o privados. ¿Por qué no hay programas que puedan mostrar que los adolescentes quieren participar del juego social? Pero como adolescentes, no como adolescentes que pretenden ser adultos o como jóvenes problemáticos. La dialéctica del rechazo empieza por no darles un lugar...

El sueldo de los adolescentes

Los adolescentes están tanteando con la vida adulta. Deben tomar decisiones importantes con respecto a sus estudios, deben aprender a manejarse en sus primeras relaciones sexuales y sentimentales y deben disponer de cierta capacidad adquisitiva para poder ir al cine, salir a cenar... Por eso es importante que los adolescentes tengan una paga. Pero no se trata de tener una paga porque sí, por el mero hecho de que son adolescentes y que, claro, como tienen que salir deben disponer de su propio presupuesto. Es una paga que se tienen que ganar, como se la ganan sus padres porque trabajan. Para los adolescentes, su trabajo es estudiar. No estoy diciendo que la paga tenga que estar en función de los resultados, pero sí del esfuerzo. Un adolescente que se esfuerza por estudiar pero suspende algunas asignaturas, merece una paga. Pero si no estudia... merece, como mínimo, una buena rebaja en la paga.

Hoy en día, por desgracia, hay bastantes ninis, es decir, jóvenes que no estudian ni trabajan. En este caso, un adolescente que no trabaja y que no quiere estudiar, si quiere tener una paga creo que tendría que colaborar, y mucho, en las tareas del hogar. No tiene sentido que un adolescente que no hace absolutamente nada (y hay unos cuantos así) reciba una paga. Porque, entre otras cosas, se le está transmitiendo un peligroso mensaje: «Te damos dinero sin que te esfuerces ni te lo merezcas.» Pero muchos padres, por evitar conflictos, dan dinero y punto.

«¿CUÁNTO LE DAMOS?»

Depende de la capacidad adquisitiva de una familia. Pero 10 o 20 euros a la semana me parece una cantidad razonable. Con ese dinero, el adolescente puede ir al cine o a cenar algo. Hay familias que tienen la suerte de gozar de unos ingresos más que desahogados. Pero me parece una locura que un adolescente reciba una paga de 500 euros al mes. Y créame si le digo que he visto casos en los que es así. La importancia de una paga estriba en que da libertad al adolescente a la vez que le enseña el valor del dinero. Pero si un adolescente recibe 500 euros no valorará el dinero.

PERO ES QUE NO TENEMOS DINERO PARA DARLE UNA PAGA

Desgraciadamente, la crisis económica, el desempleo, los deshaucios... son una triste realidad. Y hay padres que, literalmente, no tienen dinero para dar una paga a sus hijos. En este caso, hay que explicarles a los adolescentes la cruda realidad. No hay dinero. Hay que asumirlo. Ya vendrán tiempos mejores. Es triste, es muy duro, sí. Pero si no hay margen económico para que los hijos adolescentes reciban una paga, no hay nada que hacer. Se trata de explicárselo. Para el adolescente puede ser muy complicado, porque no tendrá dinero para ir al cine con sus amigos, para tomar algo, para hacer cierta vida social. Quizás algunos amigos estén en su misma situación, con lo que no se sentirá solo en esta tesitura. O quizá no. Y entonces se sentirá fuera del sistema, de la vida social, de lo que debería estar haciendo. En estos casos, los padres tienen que estar muy atentos, tienen que dar mucho amor a sus hijos, para evitar que estos se derrumben. Y no es sencillo para muchos padres que están pasando por una crisis personal terrible debido a los problemas económicos.

Las herencias

Algunos padres me preguntan cómo deben dejar atada su herencia en el caso de que fallezcan y sus hijos sean todavía adolescentes. Imaginemos el caso de un adolescente que, si sus padres fallecen, con la herencia que recibiría no sería necesario que trabajara durante muchos años. Yo aconsejo que los padres cuenten con un testaferro que administre la herencia hasta que el hijo cumpla, por ejemplo, 25 años. Y que, claro, hasta esa edad disponga de una paga razonable y los estudios pagados. Así aprenderá el valor del dinero y el esfuerzo. Así estudiará y no correrá el riesgo de dilapidar su herencia.

LOS ADOLESCENTES Y LA CRISIS ECONÓMICA

Los adolescentes también sufren la crisis económica. La sufren si sus padres están desempleados o no pueden pagar la hipoteca. La sufren incluso aunque sus padres tengan trabajo y puedan afrontar el alquiler o la hipoteca porque ven que sus perspectivas laborales son muy complicadas. Esto está causando que muchos adolescentes tiren la toalla de los estudios. «Para qué voy a perder el tiempo estudiando si luego no voy a encontrar trabajo.» Creo que es absolutamente fundamental que los padres y los hijos adolescentes hablen de la crisis económica: de cómo está afectando a sus vidas, de la necesidad de formarse para tener más posibilidades de encontrar trabajo, de la importancia de las decisiones económicas. Si los padres están sufriendo directamente la crisis de alguna manera, creo que hay que explicar esta verdad a los hijos. Pero hay que hacerlo sin traspasarle la angustia a ellos. Los adolescentes no pueden hacerse cargo de esa angustia, pero creo que tienen el derecho de estar informados. Así pueden entender los motivos de que sus padres parezcan más preocupados.

Y hay que hablar de cómo tomar decisiones económicas. Por ejemplo, el adolescente quiere ir al cine. Perfecto, los padres le pueden dar 10 euros y el consejo de que quizá sería mejor que fuera el día del espectador. Que el adolescente quiere una bicicleta. Perfecto, pero mejor una de 300 euros que una de 1.000 euros, aunque los padres tengan dinero para pagar esta última. Hay adolescentes que todavía tienen una mentalidad infantil de «si se rompe algo, papá ya comprará otra cosa». Pues hay que enseñarles que el mundo no funciona así. Es importante formar a los adolescentes a tomar decisiones económicas. Del mismo modo que hay que hablar de la responsabilidad individual, del error que cometen algunas personas al endeudarse de una forma innecesaria, de que si no puedes pagar un piso de 150.000 euros, pues te conformas con uno de 100.000.

Trabajar en verano o los fines de semana

Estoy completamente a favor de que los adolescentes trabajen ocasionalmente. Como es lógico, su prioridad es estudiar. Pero si desean ganar su propio dinero, creo que es muy saludable que trabajen unas horas el fin de semana o en verano. Así aprenden el valor del dinero —porque no es lo mismo gastarse 20 euros en una cena cuando para pagarla has tenido que trabajar cuatro horas— y del esfuerzo. Y se acercan más al mundo de los adultos. Tendrán que aprender a manejarse en un entorno laboral, lo que no siempre es sencillo. Es una manera de dejar atrás la infancia. Y uno de los trabajos que me parecen más aconsejables para un adolescente es el de canguro o monitor. Cuidar a otros niños le recuerda al adolescente que él ya no es un niño. Le obliga a evitar la tentación de caer de nuevo en la infancia.

Los adolescentes y los estudios

El trabajo de los adolescentes es estudiar. Formarse para poder aspirar a un buen trabajo, por mucho que, hoy en día, tener un buen trabajo (o, simplemente, tener un trabajo) casi parezca una quimera. Además, acudir a clase les permite formarse también como personas, gracias a las relaciones que establecen con sus iguales y los profesores.

NO HAY FORMA DE QUE APRUEBE

Muchos adolescentes tienen problemas en los estudios. En mi opinión, habría que distinguir dos tipos de problemas: el adolescente que suspende asignaturas porque le cuestan mucho y el adolescente que suspende porque tiene problemas en casa, con sus amigos, consigo mismo... Hay adolescentes a los que se les atascan las matemáticas, la física, el inglés o lo que sea. Lo intentan, se esfuerzan más o menos, pero no hay forma. No tienen facilidad para una o varias asignaturas. En este caso, la solución pasa por proporcionarles clases de refuerzo y, sobre todo si los padres ven que realmente se esfuerzan, no hacerles sentir culpables. Este es un error que se ve bastante. Padres que consciente o inconscientemente hacen sentir culpables a sus hijos porque estos no son capaces de aprobar la asignatura de matemáticas.

Por otro lado, está el caso de los adolescentes que tienen otro tipo de problemas que afectan a su rendimiento escolar. Hay adolescentes con una gran capacidad para los estudios pero que obtienen unos resultados académicos desastrosos debido a que sufren acoso escolar, sus padres están pasando por un divorcio tormentoso o por cualquier otro motivo de este tipo. Aquí aconsejo la intervención de un profesional de la salud mental para ayudar al adolescente a superar el problema que está boicoteando su capacidad en los estudios. De este modo, si se logra paliar el problema que hay detrás, es muy probable que el adolescente avance en sus estudios.

FORMACIÓN PROFESIONAL, BACHILLERATO O DAR EL SALTO AL MUNDO LABORAL

Esta es una de las decisiones más trascendentales, y más estresantes, para los adolescentes. La mayoría de ellos acaban la ESO (educación secundaria obligatoria) cuando tienen 16 años. Y entonces se les pide que miren al futuro y tomen una decisión que va a condicionar el resto de su vida. Pueden entrar en el Bachillerato (donde tendrán que elegir entre el bachillerato de arte, el de ciencia y tecnología, el de humanidades o el de ciencias sociales), la Formación Profesional (que les acerca más rápidamente al mercado laboral) u olvidar los libros y buscar trabajo (aunque los trabajos a los que puede optar una persona que solo tiene la ESO son muy escasos y mal remunerados).

Como es lógico, muchos adolescentes son un mar

de dudas cuando se enfrentan a esta decisión. Tienen que poner en una balanza lo que les gusta y lo que les conviene. Pueden tener variados intereses. Hay adolescentes que adoran las matemáticas y la pintura. ¿A qué van a renunciar? Y los padres, como es lógico, tienen un opinión propia, que muchas veces no coincide con la de los hijos. Hay padres que están completamente obsesionados con que sus hijos «estudien algo práctico». Y, para muchos, mejor que sigan en Bachillerato que se conformen con el oficio que puedan aprender en Formación Profesional (aunque, precisamente, estamos viendo que la Formación Profesional es una buena vía para encontrar trabajo). Pero muchos padres quieren que sus hijos opten por un bachillerato de ciencia y tecnología, por ejemplo. Y, vaya, el hijo les sale artista y quiere estudiar la carrera de Bellas Artes. Muchos adolescentes se ven en el difícil cruce de caminos que supone elegir entre la dirección que quieren sus padres y la que quieren ellos. A mí, por supuesto, me parece muy bien que los padres den su opinión. Que apunten, por ejemplo, que es muy difícil ganarse la vida con una carrera como Bellas Artes. Que pongan sobre la mesa la realidad de las cosas. Pero, al final, tienen que respetar los deseos de su hijo. ¿Qué es lo peor que puede pasar? Que pasados unos años su hijo, ya adulto, tenga dificultades para encontrar un buen trabajo. Pues ya orientará de nuevo su rumbo laboral. Además, muchos adolescentes creen que el sueño de su vida son las Bellas Artes o las Matemáticas, y luego, con 20 años, cambian de carrera porque se dan cuenta de que no es así. Hay que dejar que los adolescentes experimenten y tomen sus propias decisiones.

¿Puede un adolescente, con toda su crisis personal, elegir a los 14 o 15 años la carrera que luego podrá realizar a partir de los 18 o 19 años? No tienen más remedio que hacerlo. Y tienen que decidir ellos, nadie puede hacerlo en su lugar. Lo cierto es que con este sistema se le está demandando a los jóvenes, como mínimo, una cierta constancia, cuando ellos viven en un mundo rodeado de cambios de los que no se pueden abstraer: «No solo nos obligan a estudiar, también nos obligan a elegir lo que queremos estudiar cuando seamos mayores...», me decía un adolescente. Pocos años más tarde aparece el problema de la selectividad: seleccionar mediante un examen único y bastante complejo y completo el cupo de alumnos que puede asumir cada facultad.

El problema no es solo el examen en sí. Generalmente, los chicos y chicas llegan atemorizados a dicha prueba. Los profesores del instituto, junto con las exigencias familiares y la presión de la «única oportunidad», logran que este temor sea de grado máximo. A los estudiantes se les habla de la selectividad desde el primer día de curso. Y luego vendrá el intentar que la nota finalmente obtenida «encaje» o se aproxime con los deseos propios de cada uno respecto a las carreras universitarias a seguir. Así se consigue que aprobar la selectividad no siempre signifique que se pueda entrar en la carrera que el alumno desea. Entonces, el alumno debe rellenar una lista de opciones universitarias que da lugar a situaciones tales como desear estudiar Física Cuántica y estar cursando el primer curso de Filología Inglesa, situaciones que van a colaborar en ese mundo de confusiones de ideales y perspectivas de futuro tan característicos de la adolescencia.

Eso sin contar con otro ángulo de análisis que es el sociológico. En la sociedad actual, ni el alumno de Física Cuántica ni el de Filología Inglesa tiene asegurada la entrada al mundo laboral en su propio campo de interés. Contando con esas perspectivas, la crisis adolescente se hace aún más crítica. Si el adolescente teme el paso del tiempo porque significa su entrada al mundo adulto, el mundo adulto que las sociedades actuales le prometen suele ser bastante descorazonador y muy alejado de los ideales que a lo largo de su pubertad y adolescencia pudo ir construyendo. Desde esta perspectiva, no nos extrañan los discursos adolescentes que se proyectan en el futuro con ideas sentidas como descabelladas por los adultos, proyectos que necesitan construir para salirse de una perspectiva tan pesimista como real.

LOS FANTASMAS DE LOS PADRES

Muchos padres y adolescentes vienen a mi consulta debido a los problemas y las discusiones que les suponen estas decisiones. Recuerdo el caso de un chico que era un auténtico portento para las matemáticas y la física. Sus padres, claro, estaban más que encantados, porque ya imaginaban un próspero futuro laboral para su chico, que seguramente estudiaría la carrera de Matemáticas o alguna Ingeniería. Pero resulta que el verano antes de tomar la decisión sobre su orientación vocacional, el chico se fue de colonias para hacer de monitor de niños y ganarse un dinero extra. Y descubrió que le encantaba estar con niños pequeños, ayudarles, enseñarles... Al regresar a casa, comunicó a sus padres que había tomado la decisión de estudiar Magisterio. A la madre en concreto se le cayó el alma a los pies. Ella quería un hijo ingeniero, un hijo que ganara mucho dinero, un hijo que se convirtiera en su fantasía de lo que supone triunfar en la vida. Y, claro, es bien sabido que los profesores no corren el riesgo de hacerse ricos. Así que la madre se dedicó a torpedear, con todas sus armas de madre, la decisión de su hijo. Resulta que la madre no estaba contenta con su propio trabajo. Estaba frustrada porque ella querría haber sido abogada pero no pudo ser. Proyectaba sus frustraciones y sus anhelos de triunfo laboral en su hijo.

En mi consulta veo muchas veces este tipo de situaciones. Padres preocupados, cuando no horrorizados, por las decisiones académicas de sus hijos adolescentes. Y, escarbando en lo que pasa, es habitual que los padres estén proyectando sus propios deseos en sus hijos. El padre que quería ser médico, o que es médico, desea que su hijo sea el mejor neurocirujano. Insisto, hay que dejar que los hijos tomen sus propias decisiones. Por supuesto, dándoles consejos, explicándoles la realidad, diciéndoles que un abogado se suele ganar la vida mejor que un profesor. Pero la realidad es que un buen motivo para optar por una profesión es el convencimiento de que se va a disfrutar desempeñándola. Hay personas que ganan mucho dinero pero que se sienten completamente infelices por dedicar 40 o 50 horas a la semana a un trabajo que no les gusta.

ADOLESCENTES REPETIDORES

Muchos adolescentes vienen a mi consulta porque llevan muy mal el tener que repetir curso. Viven como una humillación estar en una clase con compañeros de menor edad. Lo pueden llegar a pasar realmente mal. Se sienten degradados porque no toleran que los aniñen. Se sienten fracasados porque ven que sus excompañeros de clase avanzan, y ellos se sienten estancados. Cuando un adolescente repite, los padres tienen que estar preparados porque, seguramente, estará rabioso, agresivo, irritable. Pero la solución no pasa por cuidarlo de una manera infantil, como hacen muchos padres cuando sus hijos pasan por una mala época, por quitarle tareas domésticas, por ejemplo. «Ya que lo está pasando mal, vamos a mimarle un poco», piensan muchos padres. En este caso, se corre el riesgo de infantilizarlo. Lo importante es hacerle sentir que, a pesar de que haya repetido curso, eso no es humillación. Que él es un adolescente, no un niño.

Por ejemplo, hay niños de ocho o nueve años que arrastran problemas con los estudios desde el principio de la escolarización. Y que tienen muchos números para ser adolescentes repetidores. En estos casos, creo que es mejor que si tienen que repetir curso lo hagan cuando son niños. A una edad cuanto más temprana, mejor. No lo viven de una forma tan dramática.

Y si un adolescente tiene que repetir curso, creo que es adecuado que se plantee la posibilidad de que repita en otro instituto. Los adolescentes repetidores corren más riesgo de sufrir acoso escolar. Como su autoestima cae en picado, como se sienten inferiores, son un blanco fácil para los adolescentes que buscan víctimas a las que acosar.

NO QUIERE IR AL INSTITUTO

Muchos adolescentes no quieren ir al instituto. Y este es un síntoma de que algo grave está pasando. Ya he hablado, en el capítulo sobre el acoso escolar, que cuando un adolescente no quiere ir al instituto quizá se deba a que está sufriendo acoso escolar. Pero puede haber otros motivos. Tuve el caso de un adolescente al que le ofrecieron droga unos compañeros de clase y dijo que no. Y no quería volver a clase porque no quería volver a enfrentarse a ellos. También hay adolescentes que le cogen miedo a ir a clase a pesar de que no sufran acoso por parte de sus compañeros. Son adolescentes que están pasando por una época regresiva, que están algo aniñados, que se han quedado atascados en el duelo que supone dejar atrás los privilegios de una infancia en la que se sentían absolutamente protegidos por sus padres. Muchas veces, porque los padres los tratan como niños. Hay muchos adolescentes que tienen miedo a crecer, a establecer relaciones sociales, a decir adiós a la infancia. Y que se inventan mil y una excusas para no ir al instituto.

Otra cosa que está sucediendo hoy en día es que hay adolescentes que están absolutamente desmotivados. Quizás el instituto al que van está masificado o los profesores no dan la talla. Por eso es tan importante elegir bien el instituto. Aunque, como ya he apuntado, hay adolescentes que, en vista de la situación social del país, piensan que para qué van a estudiar. Hay que luchar contra esta desmotivación y meterles en la cabeza que quien tiene una mejor formación también tiene más posibilidades de encontrar trabajo.

EL PLACER DE ESTUDIAR

El error de muchos padres, según mi punto de vista, es que hacen una mala campaña de marketing de lo que significa estudiar. Venden a sus hijos que deben estudiar para aspirar a un buen futuro profesional. Cosa que, por supuesto, es cierta. Pero estudiar también puede ser un placer (¡o debería serlo!). No es solo un medio; también puede ser un fin en sí mismo. Una ventana al mundo. La historia, la filosofía, las matemáticas, la literatura... no son únicamente medios para aspirar a un buen trabajo. Pueden ser un placer en sí mismos. Además, cuando uno hace una cosa que le gusta, le pone más ganas, como es lógico. La clave es que la pasión por la lectura, por el aprendizaje, no se transmite solo de boquilla. Es difícil que un padre que, nada más llegar a casa, lo único que hace es ver telebasura transmita la pasión por el saber a sus hijos. En cambio, si un padre lee, ve documentales de historia, se interesa por el arte... es más probable que sus hijos puedan heredar estas pasiones. Aunque, por cierto, hay padres que critican a sus hijos porque no leen y ellos no leen ni el periódico.

Y SI INSISTE EN QUE NO QUIERE ESTUDIAR

Pues los padres tienen que insistir en que debe estudiar. Tienen que enfrentarse a su hijo, porque no se puede tolerar que un chico de 14 o 15 años, por ejemplo, no estudie. Hay que descartar problemas psicológicos u otros, como el acoso escolar, como ya he señalado. Y hay que insistir en que vaya al instituto y que estudie. Esto puede generar situaciones tensas, por supuesto, pero no hay otra opción. Se puede recurrir a métodos como reducir o retirar la paga, como no hacerle la comida, como no plancharle la ropa... El adolescente tiene que entender que su obligación es estudiar.

La moda del TDAH

Hay adolescentes que no prestan atención en clase porque están con la cabeza en otra parte. Quizá tienen preocupaciones porque las cosas en casa no van bien... Se usa mucho el diagnóstico de TDAH (trastorno de déficit de atención con hiperactividad) como una forma de excusar al sistema educativo, que no sabe cómo hacerse atender, respetar, por los adolescentes. Pero me gustaría recordar que el mismo «descubridor» del trastorno confesó poco antes de morir que es una «enfermedad ficticia». El problema es que muchos adolescentes toman pastillas contra este presunto trastorno. Si los padres caen en medicar a sus hijos parecen estar favoreciendo cierta anestesia de ese hijo que no pueden controlar y que quieren que sea más pasivo y sumiso. Recordemos que decimos que hay que «prestar atención». Por tanto, la atención es algo que se presta. ¿Prestaría usted algo a alguien de quien desconfía?

El maestro «moderno»

En la película *El club de los poetas muertos* se muestra un colegio tradicional británico típico, rígido, tradicional. Pero un día cambian al profesor de Literatura y aparece el típico *profe* que se quiere hacer amigo de sus alumnos. Se sube a los bancos, cita a poetas «prohibidos», monta una pequeña revolución volviéndose tan adolescente o más que sus alumnos... Uno de los chicos sufre un grave conflicto porque cree que es homosexual y, además, tiene un padre extremadamente severo. La película tiene trampa porque el espectador acaba simpatizando con el *profe progre* (interpretado por Robin Williams). Si hacemos un análisis más profundo de los personajes y los roles, Williams es el *profe* amigo de sus alumnos y un adolescente como ellos. ¿Qué sucede? Que acaba desestabilizándolos: no hay alguien desde el sistema educativo que ponga límites. Puede estar pasando esto en nuestro sistema educativo: muchos *profes* tiraron la toalla, otros juegan a hacerse amigos en lugar de poner límites. La profesión de educador es de las más difíciles porque los maestros tienen que trazar las líneas que no se pueden cruzar y dibujar nítidamente los pasos fronterizos por donde puede encontrar puntos de comunicación con los adolescentes. El trabajo de los *profes* es este: construir fronteras.

Solo en casa

Este es uno de los mayores placeres en la vida para un adolescente. Y, en cambio, uno de los mayores temores de los padres. Los padres se van un fin de semana y deciden que sí, que por fin su hijo adolescente se puede quedar solo en casa. Desde el viernes por la tarde hasta el domingo, será el rey de la casa. Creo que es muy importante que los adolescentes tengan la oportunidad de saborear la libertad que supone estar solo en casa. Hasta determinada edad, el niño necesita la presencia de alguien mayor que le permita sentirse cuidado y protegido. Si los padres van a pasar el fin de semana fuera, piden a un canguro, a los abuelos o a un hermano mayor que se encargue de cuidar al niño. Pero el adolescente prefiere quedarse solo, no necesita que llamen a los abuelos o a la canguro. Los fines de semana fuera de los padres se transforman para los adolescentes en verdaderas aventuras personales que los enfrentan con su propia soledad, sus propios miedos y sus propios recursos para superarlos.

Hay padres que me preguntan que a partir de qué edad se puede quedar solo en casa su hijo. Yo creo que, por regla general, un adolescente de 14 años se puede quedar solo en casa un fin de semana. Pero no creo que sea conveniente que se quede dos semanas. En cambio, uno de 17 años sí que se puede quedar quince días solo. En todo caso, la cantidad de tiempo depende de cada adolescente. Hay algunos más maduros y otros menos. Y esta es una decisión que corresponde a los padres.

«QUÉ BIEN (Y QUÉ MIEDO), POR FIN ESTOY SOLO EN CASA»

Lo primero que piensan muchos adolescentes cuando saben que se van a quedar solos en casa por primera vez es: «Genial, podré hacer lo que me dé la gana.» Se despierta en ellos una fantasía de libertad absoluta en la que se imaginan entrando y saliendo de casa cuando desean y organizando inigualables fiestas. Se sienten libres y adultos... pero lo primero que hacen es llamar a cuatro amigos para no quedarse realmente solos en casa. Conscientemente, viven la libertad. Inconscientemente, tienen miedo de quedarse solos, de perder la figura de protección que suponen los padres. Así que llaman a sus iguales para sentirse reconfortados y protegidos.

Y si los adolescentes montan una fiesta, que lo harán, deben dejarlo todo limpio, todo como estaba. A veces, los padres regresan a casa y ven restos de porros o cosas así. Evidentemente, esto no se puede tolerar.

QUEDARSE SOLO EN CASA, NO EN UN HOTEL

Sí, porque hay padres que dejan que su hijo se quede solo en casa, pero también le dejan las comidas y las cenas preparadas, y cuando regresan a casa se dedican a limpiar lo que su hijo no ha limpiado. Quedarse solo en casa tiene ventajas, pero también obligaciones. El objetivo de quedarse solo en casa no es únicamente pasárselo de maravilla, sino, también, asumir ciertas responsabilidades adultas. Un adolescente que puede quedarse solo en casa también puede ir a comprar, hacerse la comida, limpiar la casa... No se le puede tratar como adulto por un lado («ten las llaves y haz lo que quieras») y como un niño por otro («no te preocupes, que nosotros te lo dejamos todo preparado»). El adolescente debe aprender que tiene la responsabilidad de cuidar la casa. Y esto le va a ayudar mucho en su crecimiento personal.

Ay, ay, ay, que se va de colonias

Llega el fin de curso y el hijo adolescente se va de colonias o de viaje... durante una semana. Perfecto. Parece un buen plan. El adolescente se lo pasará la mar de bien y los padres podrán tener más tiempo para ellos. Pero hay padres a los que les entran todos los males ante esta perspectiva. Creen que a su hijo le puede pasar algo, que cometerá locuras... Quizá lo que voy a decir no tranquilizará a esos padres, pero es la verdad: sí, cometerá locuras, eso casi seguro. Quizá beberá alcohol o fumará o saldrá hasta las tantas o... Lo mismo que intenta hacer en su cotidianeidad. Pero es que es absolutamente saludable que los adolescentes pasen cortas temporadas fuera de casa. Como ya he dicho, los adolescentes necesitan explorar la extraterritorialidad. Necesitan experimentar cómo es la vida adulta. En este caso, dormir fuera del nido familiar, sin la protección de papá y mamá, es un paso más hacia la vida adulta.

LA CONVIVENCIA CON LOS AMIGOS

Es aconsejable que los adolescentes vayan de colonias de vez en cuando porque, de este modo, viven otras reglas.

No es lo mismo ser el centro de atención en la casa que uno más entre un grupo de iguales. Tendrán que asumir otra posición. Además, de este modo, ven otros países, conocen otras realidades, aprenden de otras culturas. El problema que estoy viendo en los últimos años es que muchas de estas excursiones se convierten en una especie de turismo de borrachera. Esto es lo que preocupa, en buena medida, a muchos padres. En estos casos, creo que los profesores que acompañan a los alumnos tendrían que ser más estrictos al controlar el comportamiento de los adolescentes.

DORMIR EN CASA DE UN AMIGO

Por eso es aconsejable, también, que los adolescentes duerman de vez en cuando en casa de un amigo. A los adolescentes les encanta dormir en otras casas porque les mueve la curiosidad de experimentar las costumbres de otro hogar y, por un corto tiempo, escapar de la tutela de los padres.

ES QUE NO QUIERE IR DE COLONIAS

Pues, en este caso, puede que el adolescente esté sufriendo acoso escolar o algún otro tipo de problema con los compañeros. Como ya he explicado en el apartado dedicado a los adolescentes que no quieren ir al instituto, que un adolescente no quiera ir con sus amigos de colonias es sintomático de que sucede algo. Puede ser acoso escolar o puede ser que al adolescente le esté costando especialmente dejar atrás la infancia. Y por eso no quiere dejar su nido familiar y aventurarse a ser uno más. Estas separaciones temporales son un verdadero aprendizaje. Y los colegios y los institutos lo saben muy bien. Así que programan colonias ya para niños y van aumentando los días que estos pasan fuera a medida que crecen y se van convirtiendo en adolescentes.

Cuerpos en transformación

La primera regla, las primeras poluciones nocturnas, el vello en la cara y en el pubis... Señales inequívocas de que un niño está entrando en la adolescencia. Son cambios que asustan y descolocan a la mayoría de los adolescentes. Así que considero que es fundamental que estos cambios lleguen con cierto preaviso. Sí, porque todavía hay padres que esperan a que su hija tenga la primera regla para explicarle lo que esto significa. Imagine el susto que se puede llevar una chica de 12 años que observa que le sale sangre de la vagina. Hace un par de años me contaba una chica de esa edad que estaba sola en casa cuando le vino la primera regla. No tenía ni la más remota idea de lo que le estaba pasando. Se fue al supermercado de la esquina y le explicó a la cajera lo que le sucedía. La cajera le dio una caja de compresas y le explicó cómo ponérselas. Cuando la madre se enteró de lo que había pasado, ¡le echó una bronca a su hija por no haber esperado a que llegara del trabajo y haberle consultado a ella! Quizá le parece un caso exagerado, pero estas cosas pasan con cierta frecuencia.

LA PRIMERA REGLA

El tema de la primera regla es uno de los capítulos más trascendentales para toda niña púber. Y es importante porque enfrentarse a la regla no es nada fácil para muchas niñas y parece ser menos fácil para muchas madres. Porque creo que es más conveniente que sean las madres, y no los padres, quienes hablen con sus hijas de la regla. El problema es que muchas madres de adolescentes relatan cómo ellas «se las tuvieron que apañar solas», en una época en la que los temas del cuerpo y del sexo eran verdaderos temas tabú. Hoy en día, ciertos temas parecen estar superados y aparentemente se habla más y mejor de ciertas cosas, pero la repetición de historias provenientes del pasado parece ser más fuerte que la supuesta modernidad.

Para este tema, como para muchos otros, los padres se amparan con cierta tranquilidad en los colegios. Se enteran por sus hijos de que hay clases de educación sexual desde los 11 o los 12 años. Ahora bien, las niñas reciben una extensa información sobre qué es la regla en términos fisiológicos, cómo funciona el tema de las hormonas... Pero todo lo que acompaña a la regla, sus componentes más psíquicos, eso está ausente. Es decir, qué implica para una púber la regla, qué implica entrar en el período de capacidad reproductiva, qué implicarán psicológicamente las relaciones sexuales... Este vacío deberían cubrirlo los padres. Ellos tendrían que profundizar en estos temas. Pero, a pesar de que creemos que vivimos en un tiempo muy moderno, la mayoría de las púberes conversan muy poco del tema con sus padres. En estos casos, el grupo de amigas vuelve a ocupar un lugar fundamental como espacio de comprensión y de contención de determinadas angustias.

Considero que es fundamental que la madre explique a

su hija lo que es la regla cuando esta tenga 11 años, por ejemplo, y se acerque el momento de su primera menstruación. Creo que es más adecuado que lo explique la madre porque ella también tiene o ha tenido la regla y sabe mucho mejor que un padre, por ejemplo, cómo se coloca un tampón. Y, por supuesto, creo que hay que desterrar tópicos como «cuando tengas la regla serás una mujer», porque la adolescente es una mujer desde que nació. Desde mi punto de vista, una buena explicación sería: «Tus hormonas te están avisando de que, cuando tengas la regla, tendrás capacidad para procrear. Una vez al mes, te saldrá sangre de la vagina porque tu cuerpo expulsa el óvulo, ya que este no habrá sido fecundado. Y yo te enseñaré cómo utilizar compresas o tampones y a cuidar tu higiene personal.»

Es muy importante ayudar a combatir los miedos que se le despiertan a todas las púberes. El miedo a perder sangre y a que vean la regla como una enfermedad o una maldición asociada a la feminidad. Hay que abordar el tema en profundidad y con normalidad. Sin hacer tampoco una fiesta social, porque es un tema que tiene que ver con la intimidad de la chica. Es fundamental combatir los miedos, ya que las púberes creen que a lo mejor no dejarán de sangrar. Y no hay que decir eso de «cuidado, que te puedes quedar embarazada», y ya está. Hay que explicarle que, en el futuro, cuando tenga relaciones sexuales deberá tomar precauciones para no quedarse embarazada, lo que es muy diferente de generar la angustia de que se puede quedar embarazada si tiene 12 años y aún le queda para sus primeros escarceos sexuales. Y es adecuado decirle que puede preguntar todo lo que se le ocurra. Porque, como señalaba, es fundamental combatir todos los miedos que se le puedan despertar.

Hablar, hablar y hablar

Pero los cambios corporales que se producen al inicio de la adolescencia no se reducen únicamente a la regla. Aparece vello en las axilas y el pubis; las púberes ven como les crecen los pechos y las caderas se amplían; los púberes comienzan a verse un extraño vello en la cara y la voz empieza a transformarse... Es muy importante hablar de estos cambios. A muchos adolescentes no les gustan los cambios que se producen en sus cuerpos. Por eso es necesario explicarles que sus cuerpos están en transición. Que, en unos años, esos cambios ya habrán acabado. Y tendrán cuerpos adultos y completamente formados.

El duelo por la pérdida del cuerpo infantil

Porque hay adolescentes a los que les cuesta aceptar los cambios que se producen en su cuerpo. Esto no se debe únicamente a que reciben las bromas y las burlas de sus compañeros, que se ríen de sus grandes pechos o de los granos que les salen en la cara. Los adolescentes se enfrentan a varias pérdidas. Y una de ellas es la pérdida del cuerpo infantil. Constantemente, los cambios corporales les van recordando esta pérdida. Con su cuerpo infantil se pierde el niño pequeño que hasta hace poco era el adolescente para papá y mamá. Es decir, que la transformación de su cuerpo le aleja de los padres de la infancia.

Todas estas pérdidas que tiene que elaborar el adolescente también afectan a los propios padres. Ellos también pierden al niño dependiente, al hijo infantil que los necesitaba y los idolatraba hasta hace muy poco. Ahora deben tolerar sus ácidas críticas y sus cambios de humor; pierden en parte la autoridad que tenían sobre sus hijos y, sobre todo, comienzan a sentir el paso del tiempo sobre ellos. Para el mundo de los adolescentes, en su propia jerga, los padres son «los viejos», y tal vez lo más difícil de tolerar por los padres sea exactamente eso, su nuevo estatus de vejez.

Hay muchas adolescentes, por ejemplo, que niegan su crecimiento y lo intentan tapar a cualquier precio. Se compran camisas o camisetas de tallas bastante más grandes o usan enormes jerséis cuando todavía hace calor. Una adolescente me decía: «No aguanto mis tetas, no quiero ni que se noten. No quiero verlas ni que me las vean. Por eso quiero usar ropa grande. Mamá insiste en comprarme sujetadores, pero eso son cosas de viejas y no de una niña de mi edad. Mamá me dice que se me van a caer las tetas si no uso sujetador y yo le contesto que muy bien, que eso es lo que quiero, que se caigan y me dejen en paz...» Otro chico me decía: «Cada mañana mis padres se pasan horas en el lavabo. Tienen que estar un montón de tiempo afeitándose y mirándose al espejo; yo odio mirarme en el espejo, estoy horrible. Esta pelusa que me sale no es un bigote ni es nada, parece sucio, como si me hubiera lavado mal la cara. Y estoy lleno de granos y mis hermanos se meten conmigo y me llaman granuja o cosas así. Después están los chicos de la clase, no hacen más que meterse conmigo, no aguanto sus bromas...» Esta intolerancia a las bromas de hermanos y pares nos está hablando de lo intolerable de sus cambios. El adolescente odia el espejo porque este le devuelve la realidad de un cambio permanente. Los modelos que tiene en casa le llevan a pensar más en una adolescencia ya asumida y consolidada que a disfrutar de los cambios. Donde algunos adolescentes ven una pelusa horrible y sucia, otros ven un hermoso e incipiente bigote.

No es de extrañar que algunos adolescentes, cuando se enfrentan a los primeros cambios corporales, sufran cierta regresión a la infancia y adopten comportamientos que parecían abandonados. Recuperan juguetes propios de su infancia, prefieren pasar el tiempo libre en casa jugando que con sus amigos, reclaman más atención por parte de sus padres. Se trata de una respuesta bastante corriente como negación ante los cambios que significa la pubertad.

LOS BENEFICIOS DE LOS DOLORES

Hay adolescentes que se quejan constantemente de su cuerpo. Cuando Ester cumplió 11 años, su cuerpo empezó a cambiar, y con su cuerpo ella misma también cambió. No tardó mucho tiempo en quejarse de terribles dolores por todas partes. Primero comenzó con su barriga. Los dolores le impedían comer y la llevaban a un estado de queja permanente. Sus padres, preocupados, la llevaron al pediatra, quien a su vez recomendó una visita al especialista, que solicitó todo tipo de pruebas para descartar cualquier patología. Así que desde muy joven, Ester supo lo que eran las lavativas, las ecografías y las endoscopias. Después de analizar todas las pruebas médicas, los especialistas llegaron a la conclusión de que no tenía ninguna alteración y optaron por recomendarle una dieta sana y equilibrada. Poco tiempo después, Ester cayó gravemente enferma de los bronquios. Unas fiebres muy altas y una tos persistente la llevaron a ella y a la familia a la consulta del neumólogo. Este curó con antibióticos la posible neumonía de la niña, pero no olvidó derivarla a un alergólogo para descartar el factor alergénico. Superadas todas las pruebas del alergista, consistentes en varios pinchazos diarios, Ester supo que era alérgica al polen y a las frambuesas, pero su tos persistente le permitió no asistir a las clases de gimnasia del colegio, además de que se hizo adicta a un jarabe expectorante que, de paso, le daba un poco de sueño. El sueño comenzó a ser cada vez más profundo y sus despertares, muy costosos. Al despertar comenzó a sentir terribles dolores de cabeza que no tardó en llamarlos migrañas. Ahora tocaba la consulta con el neurólogo, quien, después de un escáner y otras pruebas, decidió aconsejar a los padres la consulta con un psicoanalista. Para entonces tenía ya 13 años y medio y una historia clínica de varias páginas.

La pubertad de Ester pasó entre enfermedades, lo que para ella era traducido como papá y mamá preocupados por su cuerpo débil y enfermo. La atendían como una enferma crónica y se ponían a disposición de sus caprichos y necesidades. La actitud de rechazo frente a su propia pubertad se transformó en ella en una serie de somatizaciones que tenían a toda la familia preocupada por ese cuerpo. Pero se trataba siempre de un cuerpo a cuidar y sanar, nunca un cuerpo que cambia y se transforma. Los padres encontraban también en ese cuerpo débil y en el discurso médico la respuesta que esperaban para no ver el cuerpo púber de su hija. Así, Ester siguió siendo cuidada como una pequeña hasta que el neurólogo actuó de otra manera.

El tratamiento psicoterapéutico le permitió a esta púber hablar de todos sus cambios y de su postura ante los mismos, de su miedo a crecer y a separarse de los padres, y de su miedo a compartir con sus pares sus alegrías y sufrimientos. Y sus migrañas, toses y dolores estomacales desaparecieron para dejar paso a un cuerpo en el cual ya le era posible vivir. Con esto no estoy diciendo, como es lógico, que todos los problemas físicos que sufren los adolescentes se deban a que están rechazando inconscientemente los cambios que se producen en su cuerpo. Digo que, en algunos casos, esos dolores de barriga o de cabeza son maneras que tiene la psique para protestar por unos cambios que no les gustan.

Otro caso parecido fue el de Roberto. Este chico de 12 años estaba muy deprimido. Comenzó a fracasar en el colegio, decía no entender nada de lo que explicaban sus profesores y menos entendía de los textos que le daban para estudiar. Sus hermanos mayores intentaron ayudarlo y estimularlo, tanto en los estudios como en los momentos de ocio. Pero prefería quedarse tirado en su cama en lugar de salir o hacer otra cosa. En esos momentos de soledad y aislamiento pensaba cuánto le gustaba antes su colección de soldaditos de plomo. Allí los tenía, todos sobre el mueble de su habitación. Los miraba con el cariño del recuerdo, pero tampoco jugaba con ellos. De tanto en tanto les dedicaba unos minutos para limpiarlos, pero luego los volvía a dejar en su sitio. Se sentía un poco como los soldados de colección, estático y atrapado en el tiempo, un tiempo que se le hacía largo y difícil de soportar. Sus padres, angustiados ante su actitud, lo llevaron al médico y este los orientó al psicoterapeuta. Con sus tres hijos anteriores esto no había sucedido. En terapia, Roberto comenzó a hablar de su malestar. Primero contó la rabia que le daba cuando al contestar el teléfono cualquier interlocutor lo confundía con alguna de las mujeres de su familia. Esta preocupación nos llevó a poder hablar de todos los cambios puberales: la rabia por no haber cambiado la voz y no tener aún voz de hombre. «Después están los chicos de la clase, no hacen más que meterse conmigo, no aguanto sus bromas...» Roberto prefiere quedarse horas mirando los soldaditos de plomo, que representan lo propio de su infancia, aquello que adoraba y coleccionaba. El desinterés por todo lo del presente se puede entender como un rechazo absoluto hacia todo lo puberal. El hecho de ser el hijo menor de la casa profundiza aún más su rechazo al crecimiento; padres y hermanos recapacitaron sobre sus posturas ante el menor de la casa y pudieron reconocer como con sus actitudes y tratos lo mantenían colocado del lado del pequeño que tampoco querían perder.

Los adolescentes y los espejos

Los adolescentes se relacionan una gran cantidad de tiempo con los espejos. Estas superficies reflejantes (recordemos que, en el mito de Narciso, este se queda apasionado con su propia imagen reflejada en un lago) tienen el poder de un imán. Frente a ellas, al igual que Narciso, los adolescentes pueden permanecer largas horas, ya sea peinándose y probando distintos tipos de peinados, afeitándose, mirando y estudiando minuciosamente algún grano, espinilla o irregularidad del cutis, observando los distintos pelos de distintas partes del cuerpo, o los pechos, si crecieron, si están demasiado grandes o demasiado pequeños, o la musculatura que muchos comienzan a cuidar obsesivamente, o la figura... Por tanto, hay que tener paciencia como padres si los hijos se pasan horas y horas y más horas ante los espejos. Como tantas cosas *extrañas*, esta también es absolutamente normal.

La sexualidad de los adolescentes

El descubrimiento de la sexualidad es quizás el punto central de la adolescencia. En unos meses, el niño que miraba con mucho más interés un balón de fútbol que a las niñas... descubre que se despierta en él el deseo sexual. Es una auténtica revolución en la vida de los adolescentes. Muchos padres no llevan nada bien que sus hijos tengan una vida sexual. «Es que solo tiene 14 años.» Sí, pero es que a esa edad su cuerpo y su psique ya están preparados para las relaciones sexuales. Durante los primeros años de la adolescencia, los adolescentes van a querer probarlo todo. Se *enrollarán* con muchos adolescentes y, bastantes de ellos, vivirán algún que otro escarceo homosexual. Todo un escándalo para muchos padres. Pero, detrás de este rechazo a la vida sexual del adolescente, lo que vemos es un rechazo a que el hijo crezca y se haga adulto definitivamente. Porque la vida sexual y la sentimental implica que, antes o después, el adolescente iniciará una relación de pareja y se alejará mucho más del nido familiar. Hasta que, finalmente, se independice.

DE QUÉ DEBEN HABLAR PADRES E HIJOS ADOLESCENTES SOBRE SEXO

Yo creo que sí que tienen que hablar de sexo, pero sin que los padres se entrometan en la intimidad de sus hijos. Hay que hablar de que la sexualidad implica emociones y afectos, y que no es únicamente una cuestión física; hay que hablar de cómo prevenir embarazos no deseados; hay que hablar de las relaciones de pareja... Pero no considero que sea recomendable preguntarle a un hijo, o rebuscar en su diario, si ya ha tenido relaciones sexuales, con quién las tiene o cuántas veces practica sexo al mes. Eso forma parte de su intimidad. Otra cosa es si el adolescente explica que practica sexo sin protección. Entonces, el padre sí que tiene que indagar y decirle, muy claramente, que eso supone un riesgo para su salud.

Pero las conversaciones sobre sexo suelen incomodar a padres e hijos. Hay algo como incestuoso en ellas. Del mismo modo que a los adolescentes no les gusta pensar que sus padres tienen una vida sexual, no les gusta que sus padres se inmiscuyan en la suya. Lo ideal sería que buena parte de la educación sexual la recibieran los adolescentes en la escuela. El problema es que, muchas veces, esa educación sexual se imparte de igual forma que se enseñan los ríos de Europa. Se da pura información, sin profundizar en las implicaciones afectivas que la sexualidad tiene en la vida de toda persona. En demasiadas ocasiones, la así llamada educación sexual no es más que un compendio de anatomía de los aparatos genitales acompañada de una breve y medicalizada explicación de las funciones y disfunciones de los mismos. En algunos textos, la información se amplía con una serie de instructivas fotografías de los diferentes métodos de anticoncepción. De este modo, lo sexual pasa a ser una subasignatura de Biología alejándose de la sexualidad humana.

Así que creo que los padres deben cubrir los vacíos que deja la educación sexual en los institutos y explicar que la sexualidad es dar y recibir cariño, que genera vínculos muy intensos, que hay que ser responsables... Para evitar que tanto padres como hijos se sientan muy incómodos, creo que es mejor que el padre hable con el hijo varón y que la madre hable con la hija. Insisto en que estas conversaciones deben ser generales, sin entrar en la vida sexual en concreto del hijo y sin necesidad de explicar cómo se pone un preservativo, porque eso ya lo enseñan en el instituto. Hay que evitar el efecto amiguismo entre padres e hijos. Es decir, que los padres hablen con sus hijos de estos temas como si fueran colegas. No, no hace falta. Los hijos ya tienen sus propios amigos con los que pueden mantener conversaciones de todo tipo. Y, sobre todo, los padres no deben explicar su propia vida sexual. No deben ponerse a ellos como ejemplos, ni explicar qué hacen y qué no hacen, ni qué hicieron o dejaron de hacer en el pasado. Los hijos deben tener su intimidad sexual. Y los padres también.

«¿Por qué tarda tanto en salir del baño?»

Sí, por lo que usted imagina, porque su hijo adolescente se está masturbando. Pues hay que dejar que se masturbe y, sobre todo, hay que hacer como si «aquí no ha pasado nada» cuando salga del cuarto de baño o de su habitación. Por eso hay que llamar siempre a la puerta de la habitación de los adolescentes cuando estos están dentro de ella, ya que quizás están con alguna revista pornográfica o viendo pornografía en el ordenador. Tienen todo el derecho del mundo a hacerlo. Otra cosa es el adolescente que deja el ordenador encendido y con fotografías pornográficas a la vista, o que deja las revistas al alcance de cualquiera. En estos casos, por supuesto que hay que decirle que guarde para él o ella esos contenidos. Pero hay que dejar que se masturbe, en espacios privados de la casa como el cuarto de baño o su habitación, ya que la masturbación es una parte fundamental de su sexualidad. Gracias a la masturbación, los adolescentes exploran su cuerpo y su placer.

LA NIÑA SE HA ECHADO NOVIO

Porque en realidad ya no es una niña. El hecho de que el hijo adolescente tenga su primera pareja es vivido como una auténtica agresión por muchos padres. Quizá muchos no lo confesarán, pero, en el fondo, sienten celos de «ese que ha venido para llevarse a nuestra hija». Y es que es un poco así. La pareja es un paso más, y muy importante, en el necesario alejamiento de los padres y del nido familiar.

La pareja es un ideal que el adolescente ha ido construyendo durante toda su vida. Este ideal se ha nutrido de imágenes y situaciones muy diversas, como la misma relación de sus padres, películas, novelas, canciones... A la pareja idealizada que ha querido ver en los padres le sucedió una noción más realista de la historia. Con los fantasmas de la infancia que caen en la adolescencia se pierde la necesidad de la unión ideal de los padres, pero inmediatamente se reencuentra este ideal en las relaciones de pareja.

Las relaciones sexuales y de pareja pasan a tener un lugar, un espacio y un tiempo verdaderamente relevante en la vida de los adolescentes. Formar una pareja en la adolescencia implica descubrir al otro sexo y poder gozarlo. Esto no siempre se da, ya que los fantasmas que configuran el juego del amor están llenos de miedos, de inhibiciones, de historias que se confunden con el presente. Pero cuando los adolescentes pueden tener relaciones de pareja, estas son un espacio muy enriquecedor para ellos. En el descubrimiento del otro sexo también descubrirán la sensación de bienestar que da el poder relacionarse con el otro.

Pero las primeras parejas pueden ser también fuente de conflicto con los amigos, no solo con los padres. Una adolescente me decía que «es muy difícil tener novio y no perder a las amigas. Ellas me dicen que desde que salgo con Juan ya no las quiero, y Juan se pone celoso si salgo con las chicas y no voy con él. Bueno, a veces me recuerda a mis padres, ellos no quieren salir solos, pero siempre se están peleando. Mamá no tiene amigas propias, y yo no quiero perder las mías. Al final quedé el viernes con Juan y el sábado con el grupo. Con Juan lo pasamos muy bien. Fuimos a pasear y estuvimos muy bien. Con el grupo visitamos un lugar nuevo que nos encantó. Le prometí a Juan que otro día iría con él». En el ideal de esta adolescente se mezclan las amigas y la pareja. Para ellos es importante mantener ambas cosas.

«PERO ES QUE NO ME GUSTA NADA SU NOVIO»

Porque muchas veces los adolescentes eligen a novios o novias que son diametralmente opuestos a sus padres. Esto forma parte de su desarrollo normal, en el que necesitan enfrentarse a sus padres para poder crecer. Tuve el caso de unos padres que estaban completamente horrorizados por el novio de su hija. Ellos eran de clase alta, y el novio provenía de uno de los barrios más peligrosos de la ciudad. No era mal chico, pero pertenecía a otro mundo. Pero es que a los adolescentes les atrae precisamente eso, otros mundos, por eso eligen novios que son tan diferentes de los ideales de yerno, por ejemplo, de sus padres.

«¡DICE QUE QUIERE PASAR EL FIN DE SEMANA CON SU NOVIA EN CASA!»

Los padres quieren pasar el fin de semana fuera. Y el hijo adolescente pregunta si puede invitar a alguien a dormir. «Sí, claro, ¿a quién?» «A mi novia.» Hay adolescentes que reclaman una vida sexual en casa. Y otros que tienen una vida sexual en casa a espaldas de los padres. Creo que hay que dejar que los adolescentes puedan mantener relaciones sexuales en casa. Que los padres saben que el hijo se trae a la novia a casa cuando ellos no están, pues hacen como que no se enteran. En general, creo que una buena actitud hacia la vida sexual de los hijos adolescentes es esa de hacer como que uno no se entera. Claro que los padres saben si su hijo se trae la novia a casa o si se masturba en su habitación, pero todo eso forma parte de su intimidad. Como los hijos adolescentes oyen a sus padres haciendo el amor y no les preguntan a la mañana siguiente que cómo fue la cosa.

Volviendo a lo de que se queda a dormir el novio o la novia en casa cuando los padres no están. Claro que el adolescente no va a preguntar si «se puede quedar Carmen y así echamos un polvo». Preguntará, seguramente cortado por la timidez, si se puede quedar a dormir su amiga. Se le dice que sí, e implícitamente todos saben que habrá sexo. Estos pactos implícitos funcionan muy bien entre padres e hijos adolescentes. Hay que tener en cuenta que los adolescentes no tienen coche ni pueden pagarse una noche de hotel. Así que creo que es mejor que tengan sexo en casa, mejor si no están sus padres o si la habitación está lejos de la de sus padres y estos no se enteran de lo que pasa. Y si los padres están muy incómodos ante la idea de que su hijo pueda mantener relaciones sexuales en casa, pues que no le dejen. Al fin y al cabo la casa es suya. Pero creo que tendrían que plantearse qué les sucede que no pueden aceptar que su hijo tenga una vida sexual.

LOS BENEFICIOS DE UNA VIDA SEXUAL SIN CULPA

Como todas las pulsiones, la sexual tiende a satisfacerse. Por eso hay que permitir que los adolescentes tengan una vida sexual. Con seguridad, para evitar enfermedades de transmisión sexual y embarazos no deseados. Pero deben poder satisfacer sus pulsiones porque su cuerpo y su psique están preparados para ello y porque lo desean. Así que, como decía, hay que dejar que los adolescentes se masturben. Porque los adolescentes, sobre todo los chicos, se masturban mucho. Incluso lo hacen por las noches simplemente para relajarse y conciliar mejor el sueño.

Y es fundamental no transmitir que el sexo está asociado a la culpa. Una persona no se debe sentir culpable por tener deseo sexual y relaciones sexuales. Y esto es algo que sigue pasando hoy en día. Los padres realizan ciertos comentarios sobre «la amiga que ha dejado al marido para irse con uno más joven». Y, quizá sin darse cuenta, transmiten a los hijos que el deseo sexual es algo que hay que reprimir. Pero la represión sexual puede generar problemas psicológicos importantes. Los adolescentes reprimidos en un aspecto tan importante como el sexo se van retrayendo, se van infantilizando. Las pulsiones, cuando no se pueden vivir con cierta libertad, dan lugar a síntomas. Y muchos problemas de relaciones de pareja de los adultos tienen su base en una sexualidad reprimida durante la adolescencia.

EMBARAZOS NO DESEADOS

Ramón, de 16 años, llegó a su sesión de psicoterapia desencajado: «Sucedió lo que tenía que suceder. Siempre tengo tan mala suerte que sabía que esto me pasaría... El sábado hice el amor con Tere. Se quedó a dormir en casa porque mis viejos se fueron al pueblo. Todo fue bien hasta que al terminar vimos que el condón se había roto, no sé, explotó. Yo no me di cuenta cuando se rompió. Ella dice que yo debería haberlo notado, pero no noté nada. Ahora está convencida de que está embarazada y no sabemos qué hacer. Hemos pensado en juntar dinero entre los amigos para abortar. Si se enteran en su casa la matan, y mis viejos... ¿Qué voy a hacer?» La desesperación de Ramón no le permitía pensar en las posibilidades reales de ese embarazo. Así como tampoco en lo que se podía hacer en caso de que realmente su novia quedara embarazada. A los adolescentes les falta información sobre las posibilidades legales de la interrupción de un embarazo no deseado. Y también sobre las repercusiones psicológicas que un aborto conlleva. Generalmente, estos abortos son llevados en secreto y entre un grupo de amigos. Provocan confusión, desazón y una serie de malestares psicológicos que deberían ser tratados.

El episodio que relataba Ramón tuvo un desenlace feliz, pero también nos delata su falta de información: «A Tere le vino la regla el martes, claro, le tenía que venir el lunes y como ella es tan regular... ¿Es posible que a Tere se le retrasara la regla por enterarse de que se había roto el condón?» Con su pregunta, Ramón ya está dando una respuesta. El sentimiento de culpa que a ambos les conllevaba el tener relaciones sexuales explotó como el condón la misma noche del sábado. Tanto Tere como Ramón podrían saber que las posibilidades de embarazo de una mujer los días cercanos a la aparición del período son ínfimas. Es posible que si se hubieran asustado menos, la regla hubiese llegado en su día. Saber que una regla puede retrasarse por miedo, nervios o cualquier otro estado o sentimiento psicológico es algo que no se enseña en la educación sexual de los colegios. Y que Tere no podía ni siquiera hablar con su madre ya que corría «peligro de muerte» si sus padres se enteraban de que mantenía relaciones sexuales con su novio.

Personalmente, estoy totalmente a favor del aborto. Y de que los adolescentes puedan abortar de forma gratuita y sin tener que informar o pedir permiso a sus padres. Es algo que forma parte de su intimidad. Y creo que es una temeridad que casi raya con la locura el que algunos padres le digan a su hija adolescente que tenga el hijo, que entre todos lo criarán. Y esto sucede. Pero una adolescente no está en condiciones de ser madre. Normalmente, a ese niño lo cría la abuela, que así puede ver cumplida su ilusión secreta de tener otro bebé para ella. Es perverso no dejar que una adolescente aborte. Y, si aborta, es fundamental no culpabilizarla ni por haberse quedado embarazada ni por el aborto. Una interrupción del embarazo, aunque sea voluntaria, es una situación muy delicada desde el punto de vista psicológico para cualquier mujer. La adolescente tiene que entender que no está capacitada para ser madre. Que hipotecaría su vida si tiene a ese hijo. Porque para ser madre tiene que dejar de ser adolescente, y aún no puede hacerlo. Y, por otro lado, creo que el padre del bebé también tiene que participar en el proceso de aborto. No puede quedarse fuera, como si con él no fuera la cosa, como pasa en muchos casos. El problema es que muchos adolescentes no explican a sus padres que se han quedado embarazadas. No tienen la suficiente confianza y buena relación con ellos. Y se ven abocados a abortos casi clandestinos, con los riesgos físicos y, sobre todo, psicológicos que eso conlleva.

Mi hijo es homosexual

Pues sí, todavía hay padres (más de lo que parece) a los que les cuesta mucho aceptar que su hijo sea homosexual. Es cierto que hay muchos adolescentes que coquetean con la homosexualidad, que tienen algunas experiencias homosexuales. Pero llega un momento, durante la adolescencia, en el que se define la orientación sexual. Y, como decía, a pesar de que la homosexualidad está más aceptada que hace veinte años, los adolescentes homosexuales corren el riesgo de sentirse rechazados por sus padres y por sus amigos y compañeros de clase. Además, tengo la impresión de que la sociedad sigue aceptando mejor la homosexualidad masculina que la femenina, porque, en general, se penaliza y se culpabiliza mucho más el deseo sexual de las mujeres. Y, en especial, un deseo sexual que no está ligado a la reproducción.

Y es que aún hoy en día, cuando un adolescente descubre, siente, cree que es homosexual, la sociedad no se lo pone fácil. El adolescente homosexual no tiene la misma facilidad para compartir con sus amigos que le gusta tal o cual chico/a o que le gustaría salir con alguien. Vivimos en una sociedad aparentemente abierta pero que en realidad es muy hipócrita. Aparentemente se acepta la homosexualidad, pero mejor que le pase a tu vecino.

En mi experiencia clínica me he visto con muchos chicos homosexuales que necesitan un espacio para poder hablar, compartir sus miedos. El miedo que da el ser y sentirse diferente que la mayoría. Debería haber más espacios para que los adolescentes gays resuelvan sus dudas. Los lugares exclusivamente homosexuales son ambientes para mayores de 18 años. Los menores de edad no tienen lugares de encuentro. Es difícil ser adolescente. Y más si se es gay. Se produce una doble exclusión y hay que ofrecerles más ayuda. Y también a los padres que se encuentren desorientados por el hecho de que su hijo sea gay.

UNA HERIDA EN EL NARCISISMO DE LOS PADRES

En general, hasta los padres más modernos y progres, no llevan bien el hecho de que su hijo sea homosexual. Incluso hay grupos de apoyo para padres de hijos homosexuales. Pero vamos a rascar un poco en esa incomodidad, frustración o desencanto que sienten los padres. Hay padres que se sienten culpables. Dicen que no tienen prejuicios, pero hay algo dentro de ellos que les impide aceptar del todo la orientación sexual de su hijo. Suele ocurrir con mucha frecuencia que esos padres no aceptan sus propias tendencias homosexuales. Durante un largo período de nuestra primera infancia, todos somos potencialmente bisexuales. Lo que ocurre es que la sexualidad no se juega en el campo de la genitalidad y por eso no nos causa especial conflicto. Este es otro duelo de la adolescencia: la renuncia a la bisexualidad infantil. Cuando la sexualidad ya se juega en el territorio de la genitalidad, los adolescentes tendrán preferencia por uno u otro sexo. Aquí ya no es indistinto. La renuncia de la bisexualidad polimorfa infantil es otro duelo que, cuando no puede resolverse, no colabora con la aceptación ni de la homo ni de la heterosexualidad.

No hay heterosexuales cien por cien puros. Tampoco lo son al cien por cien los homosexuales. En algunas personas, esas tendencias son mínimas. Pero siempre las hay. Y la homosexualidad del hijo choca con esas tendencias reprimidas en muchas personas. Y se produce el conflicto psicológico y con el hijo. Sin dejar de lado casos más extremos pero que no son infrecuentes. Muchos hombres y mujeres que hoy en día están en los cuarenta o los cincuenta y pico, y tienen hijos adolescentes, son, en realidad, homosexuales. Pero por las circunstancias de hace unos años, decidieron que lo mejor era casarse y tener hijos. El hecho de que su hijo homosexual viva su sexualidad con libertad les puede desatar tal sentimiento de frustración que este se convierte en agresividad hacia el hijo, que para nada, claro, tiene la culpa de la elección que tomó uno de sus padres.

LOS PADRES, EL APOYO DE SUS HIJOS

Los miedos, culpas, rabias y frustraciones de los padres hacen que muchos adolescentes vivan su sexualidad con culpa. Porque, seguramente, tendrán que enfrentarse a muchas burlas por parte de sus iguales. «Mariquita, marimacho, julandrón...» y burlas mucho más hirientes es lo que tendrán que oír estos adolescentes durante mucho tiempo. Porque hay que ser muy valiente para vivir la homosexualidad abiertamente durante la adolescencia. Y, por eso, es absolutamente necesario que los adolescentes cuenten con el apoyo de sus padres.

Hay adolescentes que se sienten tan culpables que llegan a sentir que sus padres están decepcionados y se preguntan qué han hecho para ser homosexuales. Y esa culpabilidad, sumada a la represión sexual, puede ser el camino más corto hacia la depresión. Así que los padres tienen la obligación moral de transmitir a sus hijos que no han hecho nada malo ni hacen nada mal por que les gusten las personas de su mismo sexo. Hay chicos que quieren dejar de ser homosexuales. Y algunos psiquiatras o psicólogos ofrecen terapias para intentarlo, cosa que, aparte de imposible, me parece completamente antiética. No aceptar la propia identidad sexual es como poner una bomba en los cimientos de la identidad y la autoestima de cualquier persona.

Y, como los adolescentes heterosexuales, los homosexuales también tienen derecho a su intimidad. No hay que preguntarles qué hacen o dejan de hacer. Hay que explicarles lo que representa la sexualidad y los riesgos de transmisiones de enfermedades que puede suponer. Y dejar que hagan su vida.

Y SI CREO QUE ES HOMOSEXUAL PERO NO QUIERE DECÍRNOSLO

Pues hay que respetar su decisión. Los adolescentes, ya sean heterosexuales u homosexuales, no tienen por qué confesar su orientación sexual. Esta forma parte de su intimidad. Hay que vivir la homosexualidad de los hijos del mismo modo que la heterosexualidad. Sin preguntas sobre qué hacen ni dejan de hacer, sobre qué les gusta o les deja de gustar. Hay que respetar su intimidad.

Los trastornos alimenticios en la adolescencia

Los trastornos alimenticios preocupan mucho a los padres. Y es lógico, porque afectan a no pocos adolescentes y ponen en peligro su salud física y psicológica. Dos son los grandes factores que influyen para que los adolescentes sufran anorexia (una enfermedad que consiste en que comen poco para intentar mantenerse en un peso que es excesivamente bajo) o bulimia (cuando sienten que han comido más de la cuenta, se provocan el vómito o toman laxantes para intentar mantenerse en un peso que es excesivamente bajo). Por un lado, un factor es la presión social para que, sobre todo las chicas adolescentes, estén delgadas. Solo hay que echar un vistazo a los anuncios de ropa para darse cuenta de que los modelos de mujer que nos quieren vender son de una delgadez exagerada. Y hay adolescentes que tienen auténticos problemas para encontrar ropa de su talla porque no encajan en determinados patrones. A pesar de ello, muchos adolescentes intentan desesperadamente encajar en esos patrones. Aunque no tengan problemas de peso o aunque, simplemente, excedan en un par de kilos ese peso perfecto que a lo mejor solo atesora un 5 % de los adolescentes. Por otro lado, volvemos al duelo por la pérdida de la infancia. Los adolescentes están dejando atrás el asexuado cuerpo infantil al que estaban acostumbrados. Y ven, muchas veces horrorizados, que les aumentan los pechos, que ganan grasa en la cintura, que su cuerpo cambia y cambia... Algunos adolescentes, por tanto, luchan contra su propio cuerpo. Y algunos luchan contra esos cambios, luchan contra su propio cuerpo, dejando de comer o provocándose el vómito, por ejemplo, cuando creen que han comido más de la cuenta.

CÓMO DETECTAR AL ADOLESCENTE QUE PADECE ESTOS TRASTORNOS

Aunque los padecen más las chicas que los chicos, hay que tener en cuenta que cada vez hay más chicos que, por ejemplo, sufren anorexia. Las señales no son siempre fáciles de detectar. Es cierto que algunos adolescentes con anorexia se niegan a comer o comen muy poco cuando están con sus padres. Y esto es una señal que debe hacer sospechar. O el hecho de que a una adolescente se le retire la regla. O que digan con cierta frecuencia que no tienen hambre. Los adolescentes, que están en plena época de crecimiento, suelen tener hambre siempre.

Pero hay que tener en cuenta que los adolescentes que padecen trastornos alimenticios son auténticos expertos en el arte de escabullirse de las comidas, de encontrar laxantes, de contar calorías. Son adolescentes que no comen en casa porque «se van a comer a casa de un amigo» o que aprovechan un descuido de la madre para guardarse la pechuga de pollo en un bolsillo o que no hacen ruido cuando se provocan el vómito o que hacen ejercicio físico de una forma exagerada y en ayunas o que consiguen diuréticos... Suelen ser, además, adolescentes muy perfeccionistas en otros ámbitos de su vida. En los estudios, en cómo deben comportarse, en cómo tienen su habitación... Buscan siempre un ideal de perfección, ya sea en sus resultados académicos o en su cuerpo, que, obviamente, no pueden alcanzar. Y eso les genera frustración y más tensión. Como suelen ser buenos chicos, de un comportamiento impecable, los padres creen que todo anda bien.

La anorexia y la bulimia son enfermedades muy serias que pueden llegar a causar la muerte. En algunos adolescentes, ese síntoma que representa utilizar la comida para luchar contra su cuerpo se instala con tanta fuerza que no logran superar la enfermedad, a pesar de que lleven meses o años de tratamiento contra ella. Por eso es fundamental detectar estas enfermedades cuanto antes. Cuando aún el síntoma no se ha hecho tan fuerte. El problema es que muchos padres no comen con sus hijos más que una o dos veces por semana. Y es fundamental comer con ellos para observar la relación que tienen los adolescentes con la comida.

MAMÁ ESTÁ A DIETA

No hay que olvidar, por otro lado, que muchas veces los adolescentes no tienen que irse muy lejos para encontrar modelos de dietas exageradas. Hay padres y madres que siguen dietas que no tienen sentido, que son peligrosas para su salud. Porque lo que deberíamos hacer todos es comer de forma sana y equilibrada durante todo el año. Pero no; hay personas que siguen dietas peligrosas para su salud porque «quiero estar delgada para el verano». De este modo, los adolescentes piensan que ellos también pueden cometer imprudencias con la comida. Y también interiorizan que hay que tener buen tipo a cualquier precio.

Adolescentes vigoréxicos

Otra búsqueda desesperada de cumplir con un ideal masculino. Adolescentes que se ven demasiado delgados y que buscan ganar masa muscular realizando un excesivo ejercicio físico e incorporando a su dieta un exceso de proteínas. Incluso, algunos adolescentes recurren al consumo de complejos proteicos y de anabolizantes derivados de la testosterona, sustancias que pueden causar efectos secundarios.

Tu cuerpo imperfecto es perfecto

Vivimos tan bombardeados por la publicidad que nos quiere vender cuerpos perfectos, que ni pensamos sobre ella ni hablamos de ella. Y, hoy en día, una parte fundamental de la educación de los hijos tiene que ver con cómo filtrar todos los mensajes publicitarios, que, poco a poco pero inexorablemente, van calando en nuestra psique. Hay que hablar con los hijos cuando aparece en televisión una modelo demasiado delgada. O cuando van a comprar ropa y solo encuentran tallas 36. Hay que explicarles que muy pocas personas tienen esos cuerpos tan perfectos... ¡que en realidad no son perfectos! Tal vez hablar de que la perfección es un invento de la sociedad de cada época. Recordemos que en épocas pasadas estar más obeso era sinónimo de tener buenas posibilidades económicas... Que la mayoría de los mortales tiene algún michelín, celulitis, brazos normales y no duros como cemento... Y que, aun así, son cuerpos bonitos y deseables. Porque el atractivo no reside solo en tener la tableta de chocolate o las curvas perfectas. El atractivo reside en la inteligencia, en ser buenas personas, en escuchar a los demás... Claro que es bueno que quieran gustar a los demás, pero no a cualquier precio.

Insisto, el cuerpo ideal no lo marca en la actualidad el deseo del adolescente. Todos (los adolescentes y sus familias) estamos demasiado atravesados por un imaginario social que está siempre manipulado por la industria y los medios de producción: se siguen vendiendo coches porque los conducen modelos impresionantes. Un adolescente me llamó un día la atención sobre lo poco originales que eran las propagandas de perfumes para el día de la madre: «¡Ninguna de esas chicas que publicitan los perfumes se parece a mi madre!» Tiene razón. Pero cuánto saben de psicología los publicistas: ellos explotan la idea de que esas madres sí querrían ser como esas modelos. También podemos agregar que el cuerpo perfecto es el que aprende a cuidarse: el que se regala las horas de sueño que necesita, se alimenta bien, se asea bien. El cuerpo cuidado se quiere siempre. Incluso aprende a no rechazar de sí mismo las huellas que la genética deja en cada uno.

Y SI YA SUFRE LA ENFERMEDAD

Hay que consultar, por supuesto, con un profesional de la salud mental. En algunos casos, es necesario que el adolescente ingrese en un hospital si es que su vida corre peligro. Y, como es lógico, es fundamental que los adolescentes que sufren anorexia, bulimia o incluso vigorexia cuenten con todo el apoyo de sus padres. Eso implica no hacerles sentir culpables por su relación con la comida. Bastante culpables se sienten ya ellos por eso y por no tener el cuerpo perfecto con el que sueñan. Tampoco suele funcionar insistir e insistir en que deben comer, por ejemplo, en el caso de la anorexia o la bulimia. Muchos adolescentes se rebelan contra ello y, de este modo, se refuerza más su enfermedad. Es más efectivo ayudarles a que aumenten su autoestima, hablar de la idiotez de los modelos de cuerpos perfectos, decirles que ellos valen mucho más que un kilo más o un kilo menos. Atascarse en discusiones sobre si ha comido 100 gramos de carne o 125 no suele conducir a ningún resultado.

Parece que está deprimido

Como los adultos y los niños, los adolescentes también corren el riesgo de deprimirse. Como ya he dicho varias veces a lo largo de este libro, la adolescencia es una etapa de duelos que se pueden resumir en uno: dejar atrás la infancia. Hay síntomas que tienen que hacer sospechar a los padres que quizá su hijo está pasando por una depresión. Por ejemplo, si no quiere ir al instituto, si nunca sale con amigos, si se pasa todo el día encerrado en casa, si no quiere comer, si duerme muchas horas... La adolescencia es una etapa de muchos duelos, y los duelos que no están bien resueltos llevan a la depresión. Para mí, una buena definición de depresión es la siguiente: Deprimirse es retirar el interés colocado hacia fuera, en cosas o personas, y recluirse en uno mismo. Es el resultado de una serie de duelos no resueltos.

EL CASO DE PEDRO

Pedro tenía 17 años cuando sus padres consultaron por él. Estaban preocupados y despistados. No sabían qué hacer. Su situación, lo que podríamos llamar su síntoma más llamativo, era que no salía de la cama. Le costaba horrores despertarse. Se acostara a la hora que se acostase, siempre se levantaba a las 2 o 3 de la tarde, comía algo y volvía a la cama. Allí se quedaba hasta las 6 o 7 de la tarde. Entonces se vestía y se iba a ver a sus amigos. Volvía a las 10 de la noche, comía algo, y de nuevo a la cama. Esa situación se daba desde hacía unos seis meses, cuando se dio cuenta de que no iba a tener la nota necesaria para realizar la carrera universitaria que quería. En su entrevista a solas, Pedro me comentó: «Mis padres creen que tengo un mal extraño con el sueño. Lo cierto es que algo me pasa, prefiero dormir a todo lo demás. Si me levanto de la cama tengo que ir a clase, y eso es lo que no quiero. Tengo vergüenza de ir. Allí están todos mis compañeros. Muchos de ellos van a estudiar lo que quieren, y yo no. No sé si quiero seguir estudiando. Pero si no estudio tendría que buscar trabajo, eso me da más palo. No estoy preparado para trabajar, no sé hacer nada, no se me ocurre qué puedo hacer. Para mí la cama tiene algo especial, no sé, es como un imán que me tiene atrapado. Si duermo no pienso, no me tengo que preocupar por nada... Antes me pasaba todo el día viendo la tele; si ves la tele tampoco piensas en nada. Pero mis padres se enfadaron y ahora guardan el mando bajo llave. Yo me enfadé pero ahora me da igual. Si no hay tele sigo durmiendo. En sueños me monto mis propias películas.» Dormir y alejarse del mundo. Más tarde, a lo largo de su psicoterapia, pudimos ver cuánto y cómo le asustaba el crecimiento. Separarse realmente de sus padres y tener una vida autónoma. Aparentemente con su síntoma de sueño permanente mostraba una personalidad «pasota». Pero de ese modo obtenía la exclusiva atención de sus padres, además de lo beneficioso que le resultaba a su lado más infantil, quedarse en la cama como si fuera un bebé de meses.

Este es un caso bastante frecuente entre los adolescentes de hoy en día. Puede adquirir diversas formas (unos dormirán más de la cuenta, otros no querrán salir de la habitación y otros se pasarán el día fumando porros) pero su última traducción es siempre la misma: «Me da miedo crecer, algo del mundo de los adultos me asusta tanto que prefiero permanecer en una posición infantil, dependiendo exclusivamente de mis padres.» Lo más importante de estos casos y que surge permanentemente como una duda es: ¿quién es el culpable?, ¿cómo se ha llegado a esta situación? Lo fácil es siempre acusar al adolescente: es vago, no le gusta estudiar y/o trabajar, no hace nada... Pero debemos tener en cuenta que si ha llegado a una situación así ha sido, casi siempre, con la ayuda incondicional de los padres. Posiblemente son ellos quienes no le supieron transmitir lo necesario de la independencia y la autonomía. Muchas veces, temerosos por perder el amor de sus hijos, los padres consienten actitudes regresivas de los hijos y se enganchan en una pelea sinfín que de alguna manera los mantiene unidos. Estas situaciones se están alargando en el tiempo de forma alarmante. Actualmente hay muchos adolescentes que viven circunstancias parecidas a las de Pedro. Incluso vemos adultos de más de 30 años atrapados en las mismas circunstancias, desempeñando aparentemente un rol adulto en la sociedad. Pero, al volver a casa con sus padres, estos adolescentes tardíos se instalan en la aparente comodidad de las relaciones con los padres de la infancia, mientras los padres continúan con su renuncia a perder su condición de necesarios e indispensables para los hijos, independientemente de la edad de estos.

Pedro pudo hablar de todos sus temores y darse cuenta de hasta qué punto estaba pegado a sus padres. En su caso, como en muchos otros, fue necesario trabajar también con los padres para indagar los motivos inconscientes que los mantenían unidos a un hijo enfermo. Poco tiempo después empezó una carrera, aunque no era su primera opción, pero con ganas de salir adelante.

PADRES ANGUSTIADOS CUANDO SE DAN CUENTA DE QUE SU HIJO ESTÁ DEPRIMIDO

Les aconsejaría que no se inquietaran más de la cuenta. Pueden ver la depresión como un duelo enquistado que, cuando se desenquista, necesita un tiempo para resolverse. Cuando un adolescente está deprimido es absolutamente necesario acudir a un profesional de la salud mental, que ayudará al adolescente a realizar su duelo. Desde mi punto de vista, es necesario que los padres no infantilicen a los hijos que están pasando por una depresión. Pero es un error que muchos padres cometen. Tampoco tiene sentido castigar a los hijos, porque ellos no han decidido deprimirse.

Hace unos meses, unos padres me consultaron porque su hijo de 15 años no quería ir al instituto. Los padres sabían que estaba deprimido. Pero, aun así, le quitaron la televisión, el ordenador y el móvil con la esperanza de que, entonces, se aburriría y «se pondría las pilas». Pero un adolescente deprimido no es un adolescente aburrido. Hay que ir a la raíz del problema, que es ese duelo enquistado, y eso pasa por acudir a un profesional y, la inmensa mayoría de las veces, lograr la implicación de los padres en el tratamiento.

DEPRESIONES CON UNA BASE TRAUMÁTICA

Un motivo de depresión que es muy muy frecuente durante la adolescencia es la muerte de los abuelos. De repente, el adolescente toma conciencia de la muerte como una realidad, siente el dolor de la pérdida, ve como sus padres se depriman... En estos casos, lo importante es que todos los miembros de la familia puedan realizar su propio duelo pero sin olvidarse de la presencia de los otros.

También hay adolescentes que sufren la terrible desgracia de perder a sus padres o a uno de sus padres. Tuve el caso de una adolescente que perdió a su padre en un accidente de coche. ¿Qué ocurrió? Que la madre se deprimió y luego entró en una fase maníaca. Es decir, salía varias noches por semana con las amigas, y no se daba cuenta de lo sola y deprimida que estaba su hija. La adolescente había perdido a su padre, pero también estaba perdiendo a su madre, que no era capaz de asumir que tenía que pasar por una época de tristeza. Por cierto, creo que sería importante que todos (adolescentes y adultos) tomaran antidepresivos cuando sea estrictamente necesario. Cuenta Allen Frances, psicólogo americano famoso por arrepentirse de haber colaborado con la edición del *DSM-V* (el manual de trastornos mentales que es la Biblia para muchos psiquiatras y psicólogos), que cuando su mujer murió de cáncer sus psiquiatras, que fueron a darle el pésame al tanatorio, le ofrecieron antidepresivos para superar el duelo. No hay que caer en la medicalización de la vida cotidiana. Los antidepresivos son necesarios en algunos casos y siempre como ayudantes de terapias más profundas.

Se lleva fatal con los hermanos

La rivalidad entre hermanos es una cuestión universal. Desde la infancia más temprana hasta la adolescencia más tardía es absolutamente normal que los hermanos rivalicen entre ellos. Lo natural, lo esperable, es que los hermanos se quieran mucho y a la vez se odien mucho. Es la ambivalencia de la que hablamos muchas veces los psicoanalistas, es decir, que uno puede querer y odiar a una persona. Y hay que aprender a convivir con ello.

En muchísimos casos esta rivalidad permanece hasta la vida adulta. O se esconde o reprime durante la vida adulta, ya que los hermanos se ven con mucha menos frecuencia, y vuelve a aparecer con la muerte de los padres. Son muchísimos los ejemplos sobre peleas entre hermanos en los momentos de aceptación de la herencia...

En realidad, los hermanos adolescentes rivalizan siempre por lo mismo: el amor de los padres. Porque, en su fantasía inconsciente, todo hermano cree que al otro (o los otros) los padres lo quieren más... Estas rivalidades entre hermanos, que muchas veces pueden provocar escandalosas peleas psicológicas y físicas, también se da en la infancia. Pero en la adolescencia se viven con mucha más intensidad. Todo se agranda y adquiere dimensiones casi míticas.

Muchas veces, la rivalidad fraternal en la adolescencia se disfraza de indiferencia: «No quiero saber nada de mi hermano, para mí es como si no existiera», «me da igual lo que le pase». Tal vez aquí sirva usar el dicho de «no hay mayor desprecio que no hacer aprecio». El adolescente lo sabe y machaca al otro con su indiferencia y pasotismo. Esto exaspera a los padres, que persiguen el ideal de una familia feliz en la que todos se quieran sin conflictos.

¿QUÉ PUEDEN HACER LOS PADRES?

Creo que, en primer lugar, deberían plantearse hasta qué punto ellos son responsables de la situación. Cabría preguntarse, por ejemplo, ¿cómo se llevan papá y mamá con sus propios hermanos? En mi consulta, durante las fiestas navideñas, muchos adultos despotrican de sus hermanos porque «mi hermana se empeña en que hagamos la cena de Nochebuena en su casa» o cosas así. Estas pullas, y los típicos chistes sobre la mala relación con los cuñados, tienen mucho de verdad: de que lo que tiene el hermano no nos gusta o que lo queremos para nosotros. Y los hijos viven estas rencillas desde pequeños. ¿Y luego nos sorprendemos de que se peleen con sus hermanos? La responsabilidad de los padres sería algo así como que Caín y Abel no habrían discutido si el padre no los hubiera sometido a la dura prueba de medir sus fuerzas.

¿Qué más pueden hacer los padres? Muy sencillo: no meterse en las disputas de los hijos. Los padres no deberían entrar en el juego de sus hijos, porque, si lo hicieran, estarían alimentando la parte infantil de sus hijos. Los hermanos adolescentes deben aprender por ellos mismos a manejar sus sentimientos ambivalentes. Y, como ya he dicho, durante la adolescencia hay que animar a los hijos a que se encaminen hacia la adultez.

Cuando las discusiones se dan entre hermanos de 2 y 4 años, por ejemplo, por el mismo juguete, los padres tendrán que marcar unas pautas. «Que cada uno juegue un rato con este juguete tan bonito», por ejemplo. Si la pelea por el juguetito en cuestión pasa a ser una batalla, el adulto deberá quitar el objeto de la discordia del medio. Cuando estos hermanitos crecen y uno con 17 años y el otro con 15 se están peleando por la posesión del mando de la televisión, los padres pueden intentar la opción de la infancia («un ratito cada uno»). Pero la mayoría de las veces tendrán que optar por retirar el objeto de la discordia y decir con contundencia: «Si os queréis pelear, al menos no lo hagáis delante de mí.»

PADRES QUE ALIMENTAN LAS RIVALIDADES ENTRE HERMANOS

Sí, porque utilizan a uno de sus hijos para espiar al otro. Le dicen a uno de sus hijos que sospechan que el otro tiene novia, que se entere de lo que está pasando. Y si no es el novio es si el otro fuma o bebe o sale con malas compañías... Esto es echar gasolina al fuego de las rivalidades entre hermanos.

Lo natural, a pesar de peleas y rivalidades, es que los hermanos terminen tapándose entre ellos. Un hermano se entera de que su hermano suspendió una asignatura y no se lo contará a su padre. Pero hay que recordar que lo natural también es que los hermanos no se lleven siempre bien y no hay que insistir para que lo hagan.

Papá y mamá se separan

A todos los hijos, tengan la edad que tengan, les disgusta enormemente que sus padres se separen. Las reacciones de los adolescentes ante la separación de sus padres pueden resultar sorprendentes. Por ejemplo, es habitual que los adolescentes muestren indiferencia, como si con ellos no fuera la cosa. «Bah, me da igual, con lo mal que se llevan»... Pero, si escarbamos en este tipo de reacciones, vemos que los adolescentes sienten que parte de su mundo se desmorona. Aunque hay quien pueda pensar que una separación cuando los hijos son pequeños es más traumática para estos, porque dependen mucho más de sus padres, también lo es para los adolescentes. Ellos no son adultos del todo, todavía necesitan la protección de sus padres. A pesar de que sus padres se llevaran mal, a pesar de que se gritaran, a pesar de que la convivencia entre ellos ya no tuviera sentido, la separación de los padres es el fin de algo en la vida de los adolescentes. Un duelo más que tendrán que afrontar en una época que, como ya he comentado, está marcada por el complicado duelo de dejar atrás la infancia.

«BUENO, NO ES GRAVE PARA ÉL, YA QUE ES MUY INDEPENDIENTE»

Muchos padres confunden ese característico pasotismo de los adolescentes, que hacen ver que los padres son «un rollo», que la vida familiar «no mola», que ellos se bastan a sí mismos, con un verdadero sentimiento de independencia. Por muy independientes que parezcan los adolescentes, estos necesitan todavía a sus padres. No son adultos. Y, cuando estos se separan, ellos pierden de alguna forma a los padres que han tenido. No solo porque uno de ellos tendrá que mudarse o seguramente tendrá una nueva pareja pronto si no la tiene ya. Cuando dos adultos se separan, suelen estar tan preocupados y ocupados de sus problemas legales y sentimentales, de su propio duelo, del tremendo cambio que la separación va a suponer en sus vidas, que pueden dejar en un segundo o tercer o cuarto plano a sus hijos. Y los adolescentes pueden tener sus propios problemas. Quizá tienen dificultades de relación con sus amigos, quizá tienen dificultades para aceptar los cambios en su cuerpo, quizás están sufriendo acoso escolar... Por eso, siempre recomiendo a los padres que se están separando que hagan el esfuerzo consciente de prestar atención a sus hijos. Que no se despisten, porque muchos adolescentes muestran pasotismo, y eso puede confundir y hacer pensar que no les afecta nada. Tienen que darles mucho amor. Tienen que hacerles sentir que están ahí, con ellos y para ellos. En realidad, el pasotismo de los adolescentes es una suerte de mecanismo de defensa. Les permite anestesiarse del dolor y del miedo que supone dejar atrás la cómoda infancia y tener que asomarse al mundo de las decisiones y las responsabilidades de los adultos.

ELLOS TAMBIÉN SIENTEN MIEDO

Uno de los sentimientos más fuertes que se despiertan en los adultos que se plantean una separación de pareja o que se están separando es el miedo. Miedo ante la incertidumbre del futuro. Miedo de pasar de lo malo conocido a lo bueno (o no) por conocer. Lo mismo ocurre en los adolescentes. Muchos reaccionan con pasotismo, que ya hemos visto que es un mecanismo de defensa, pero otros reaccionan con rabia. Y se trata de una rabia que responde al miedo. Miedo, en su caso, de perder a unos padres que, estando juntos, les dan más sentimiento de protección que separados. Miedo al qué pasará si su padre o su madre se echan novio. Porque ellos se plantean que «qué va a pasar conmigo», «qué va a pasar con mi estatus de hijo», «en qué posición quedaré a partir de ahora», «qué privilegios puedo perder»... Hay que tener en cuenta que los adolescentes son mucho más conscientes que los niños de todos los cambios que puede conllevar una separación de pareja. Y pueden angustiarse mucho con la incertidumbre que también supone para ellos la separación de sus padres.

LOS HIJOS COMO ARMA ARROJADIZA

El error más grave que pueden cometer los padres durante su proceso de separación o tras este es, aparte de relegar a sus hijos, utilizarlos como arma arrojadiza. Hay que tener en cuenta que durante una separación de pareja se pueden despertar sentimientos de rabia y agresividad muy fuertes en los adultos. Y hay adultos que explican a sus hijos adolescentes que «tu padre ha estado acostándose con su secretaria». Todo lo que les permita destruir a la otra persona ante los ojos de sus hijos. Esto, por supuesto, me parece un grave error. Porque los hijos necesitarán seguir teniendo un padre y una madre, aunque estén separados. Por eso, no hay que entrar en detalles escabrosos e innecesarios sobre la separación. Esto es lo que se conoce como «síndrome de alienación parental», es decir, intentar destruir la imagen del padre o de la madre ante sus hijos. Pero hay que tener en cuenta que los hijos necesitan identificarse de forma positiva con sus padres. Necesitan padres que sean modelos. Esto es absolutamente fundamental para su desarrollo psicológico. Vale que los necesitan menos que los niños, vale que parece que no los necesitan, pero, en el fondo, y tanto que los necesitan. Son sus brújulas en el difícil camino de la dependencia total a la independencia total.

Para mí, la mejor manera de explicar por qué se produce una separación sería algo así como: «Papá y mamá ya no se llevan bien como pareja, ya no nos queremos como pareja, así que hemos decidido separarnos.» Los adolescentes son muy listos, y ellos ya se formarán sus propias opiniones sobre quién tiene más o menos culpa. Pero, insisto, no hay que destruir al otro como padre o como madre, porque al adolescente le puede hacer mucho daño que se le resquebraje de golpe la imagen de uno de sus progenitores.

«NO TE PREOCUPES, QUE NADA VA A CAMBIAR»

Esta es una explicación a mi juicio incorrecta que responde a un deseo de los padres de tranquilizar de forma infantil a sus hijos. Les explican, por ejemplo, que «hemos decidido separarnos porque como habrás notado no nos llevamos bien». Hasta aquí todo bien. Pero, entonces, agregan lo siguiente: «Pero no te preocupes, porque nosotros te queremos igual y NADA va a cambiar.» ¿Qué suele ocurrir? Que el hijo se neurotiza, porque su psique empieza a pensar: «¿Por qué me dicen que nada va a cambiar si se están separando y eso significa que muchas cosas van a cambiar?» Pero ¿cómo que no va a pasar nada? Su vida cambiará radicalmente. A lo mejor estará más tranquilo porque no tendrá que soportar las peleas diarias de sus padres, pero no es fácil adaptarse a dos casas, al nuevo novio de mamá, a que su padre esté deprimido porque se siente viejo y solo... Ese «no pasará nada» es un intento infantil de calmarse a uno mismo y de calmar a los hijos. Lo correcto sería decirle: «Como te podrás imaginar, todo cambiará. Y las cosas serán más difíciles al principio. A todos nos costará adaptarnos a la nueva situación. Y esto es normal que te angustie. Pero nosotros te queremos y, aunque no estemos juntos como pareja, somos tus padres y siempre te ayudaremos y apoyaremos. No estás solo.»

Por tanto, creo conveniente explicar lo que supone una separación desde un punto de vista realista y natural. Sin detalles escabrosos sobre infidelidades, vicios o lo que sea. Y si la separación se ha producido por la aparición de una tercera persona, ya habrá tiempo de explicarlo cuando el adolescente se haya adaptado a la nueva situación.

LA CULPA EN LOS DUELOS

Cuando se produce un duelo, sea del tipo que sea, es frecuente, muy frecuente, que aparezca el sentimiento de culpa. Cuando muere un padre o una madre, un adulto se plantea si fue suficientemente buen hijo. Cuando uno se separa de su pareja, se plantea si hizo lo suficiente para que la relación funcionara. Del mismo modo, los adolescentes pueden pensar, aunque sea irracional, que qué han hecho ellos para que se separen sus padres. Pueden sentir culpa, aunque ellos no tengan ningún tipo de responsabilidad. Hay que estar especialmente atento ante estos sentimientos de culpa, porque la culpa es un atajo directo hacia la depresión. Es fundamental hacerle entender al adolescente que él no tiene culpa de nada, que sus padres se separan por otros motivos. Esto a veces no es sencillo, porque los padres no siempre se separan por motivos evidentes. No es fácil transmitir que, simplemente, se ha acabado el amor, «que tu madre ya no me da lo que yo necesito de una mujer». Además, tampoco soy partidario de explicar con excesivos detalles los motivos que subyacen a una ruptura de pareja. Por ejemplo, no veo adecuado decirle que «tu madre ha tenido varios amantes y por eso me separo de ella». Así que, en algunos casos, habrá que hacer algunos equilibrios para explicarle al hijo el porqué de la separación sin que queden vacíos en el relato que él pueda rellenar con su culpabilidad.

«¿QUIERES CONOCER A MI NOVIO?»

Este es uno de los momentos que más angustian a los padres. Presentar a su nueva pareja a sus hijos. Claro, porque a los hijos, aunque sean adolescentes, se les despiertan miedos como «este me va a destronar». Quizás estos sentimientos no sean tan fuertes como en el caso de los niños, pero aparecen. Creo que siempre es mejor esperar a que los hijos se hayan adaptado a la nueva vida tras la separación antes de presentar al nuevo novio o la nueva novia. Hay que tener presente que no tiene sentido exigirle al hijo, ya sea consciente o inconscientemente, que quiera en dos días a esa nueva persona. La relación tiene que ir forjándose de forma natural. Lo mismo que si, finalmente, uno de los padres decide convivir con la nueva pareja. Hay que recordar que los hijos ya tienen un padre y una madre. Y que esa nueva persona es el novio o la novia de papá y mamá.

Adolescentes que solo tienen
un papá o una mamá

Claro que un padre o una madre solos pueden criar a sus hijos de forma saludable. Pero deben tener claro que tendrán que encargarse de cumplir tanto la función paternal (que es la que suele ejercer el padre) como la maternal (que es la que suele ejercer la madre). Función maternal es mimar al niño, cuidarlo, darle de comer... Esas funciones de cuidado que son tan importantes en los bebés y que, aunque vayan perdiendo relevancia a lo largo del crecimiento de los hijos, también hay que realizar en el caso de los adolescentes. En cambio, la función paternal es imponer límites a los hijos, separarlos de una excesiva fusión con la persona que ejerce la función maternal, empujarle hacia la independencia. Una persona puede realizar ambas funciones. Del mismo modo que, en una pareja (ya sea heterosexual u homosexual), ambos miembros pueden alternarse en el ejercicio de esas funciones. Lo mismo ocurre con adolescentes que se desarrollan con padres/madres homosexuales: su condición sexual no cambiará, al igual que en las familias monoparentales o heterosexuales lo importante a tener en cuenta es la cuestión de las funciones parentales. Todo adolescente sigue necesitando una función materna (que lo ampare) y una función paterna (que lo limite). Que esto se haga en el terreno de la mono o hetero u homo parentalidad no cambia gran cosa.

EL PRINCIPAL RIESGO EN LAS FAMILIAS MONOPARENTALES

El principal riesgo es que la madre o el padre establezca una relación fusional, con un exceso de función materna, con su hijo. Esto puede producirse por diversos motivos. Por ejemplo, hay padres que piensan que, como crían a sus hijos solos, tienen que darles mucho más cariño, no deben imponerles límites, no pueden importunarles. Pero sin función paternal los hijos se infantilizan. Otro motivo es que algunos padres no quieren perder al niño que tuvieron, porque, consciente o inconscientemente, se dan cuenta de que sus hijos se están acercando a la vida adulta y, por tanto, no tardarán mucho en dejarlos solos.

EL TRABAJO, LAS AFICIONES, LOS AMIGOS... ESOS TERCEROS TAN SALUDABLES

Para evitar relaciones excesivamente fusionales en las familias monoparentales, siempre recomiendo que los hijos deben percibir que no son el único sentido de la existencia de su padre o de su madre. De que hay un tercero que también ocupa el tiempo y el amor de su padre o su madre. Deben percibir que su padre o su madre también se puede sentir realizado en el trabajo, o que le encanta salir a hacer footing, o que disfruta yéndose de viaje con los amigos un fin de semana... De esta forma se reduce el riesgo de infantilizar a los hijos, de que se queden instalados en la etapa infantil de que ellos lo son todo para papá y mamá.

¿Por qué hablamos más de familias monoparentales en la adolescencia? Porque en la sociedad actual, muchísimos matrimonios han aguantado lo indecible hasta decidir separarse con la excusa de que los hijos pequeños los necesitaban como padres, unidos y en pareja. Muchos de estos padres ignoran cuánto han sufrido sus hijos pequeños al vivir rodeados de altas tensiones, momentos de intenso malestar y hasta agresiones; muchos llegan a decir que no pasaba nada «porque discutíamos cuando los niños estaban en el cole o durmiendo». Como si desconocieran ese radar que los niños adquieren desde muy pequeños y que les permite captar cuándo hay buenas o malas ondas en casa. En cualquier caso, lo cierto es que cuando los chicos llegan a la adolescencia, muchas parejas ya no soportan estar juntas y se producen más divorcios o separaciones. De este modo, el adolescente se tendrá que adaptar a una convivencia monoparental, para la que suelo recomendar que mamá o papá no se aferren al hijo (los hijos) como lo que les ha quedado de/para su vida afectiva. Dedíquese a estudiar violín o griego, pero ¡no se vuelque a resolver su soledad con sus hijos adolescentes!

«Pero ¿por qué corre tanto con la moto?»

Y quien dice correr con la moto, dice robar algo en alguna tienda o meterse en peleas o... Las conductas de riesgo y los adolescentes, un tema que, como es normal, aterra a muchos padres. Hay padres que se toman como un ataque personal esas conductas de riesgo. Creen que los adolescentes lo hacen por el placer sádico de verlos sufrir. Pero no es así. Yo creo que las conductas de riesgo están en relación con los duelos de la adolescencia y con la aceptación real de la muerte como algo posible. El adolescente empieza a saber sobre la posibilidad de la muerte real, entre otras cosas, porque evolutivamente ya tiene acceso a un pensamiento abstracto que hasta ese momento no tenía y que le permite pensar conceptos que el pensamiento infantil no le permitía albergar. Si a esto le sumamos los cambios corporales que tanto les hacen sufrir, la no aceptación de su cuerpo, el rechazo a su nueva posición... y le agregamos una buena dosis de miedo frente a la pérdida de su infancia y sus padres infantiles... entendemos que quieran espantar esos miedos y duelos de cualquier manera.

Sumados todos estos factores, muchos adolescentes se ven abocados con frecuencia a una sensación de vacío, de dolor y angustia que quieren tapar con actuaciones que los coloquen «al otro lado del espejo». Son funcionamientos reactivos (soy supermán aunque me siento una hormiga y por eso voy a poner la moto a 200 por una carretera de curvas). O funcionamientos autodestructivos (por ejemplo, la anorexia, como patología adolescente, estaría mostrando un ataque contra el propio cuerpo).

Muchos adolescentes, frente al dolor que representa la posibilidad de la muerte real, ponen en acto ese dolor y «juegan» con él, a negarlo o a desafiarlo. La adolescencia, por ejemplo, es el momento de la vida donde se producen más intentos de suicidio, muchos con resultado efectivo para la pulsión de muerte. El coqueteo con la muerte, desde la anorexia hasta las carreras de motos, pasando por los concursos para saber quién puede tomar más vodka en menos tiempo, son juegos extremadamente peligrosos a los que los adolescentes de nuestros días juegan permanentemente.

Aunque no todos los adolescentes juegan con los límites de la muerte. Ya he señalado varias veces que la adolescencia es una reedición de los primeros vínculos con los padres. Muchas veces, en estos primeros vínculos, por razones no conscientes de los padres el niño sintió desamparo: una madre deprimida durante la primera infancia, o la muerte de un abuelo, o circunstancias sociales... Cuando el niño requería de mayores atenciones quedó como desamparado o desatendido, siguió su camino y crecimiento, pero le quedó como un agujero, un derrumbe en su psiquismo. Durante la adolescencia, ese agujero o ese derrumbe se reedita, revive (siempre inconscientemente), y es lo que activa que el adolescente busque situaciones de riesgo.

En esta búsqueda de situaciones peligrosas, los adolescentes encuentran varios beneficios secundarios, como vivir emociones fuertes (para reeditar el sentimiento de pérdida que se vivió en su momento) o lograr finalmente la atención de los padres. Recuerdo el caso de un chico de 17 años que, cuando le pregunté que por qué participaba en carreras de motos peligrosas, contestó que «pues a ver si consigo que mis padres me vengan a ver al hospital». Y lo mismo muchos chicos que roban («a ver si mis padres me vienen a ver a la cárcel»).

Está a punto de cumplir 18 años

Cumplir 18 años, alcanzar la mayoría de edad... quizá debería ser un punto de inflexión en la vida de los adolescentes. Pero, en realidad, pocas cosas cambian. La inmensa mayoría de los jóvenes lleva el mismo tipo de vida a los 17 años que a los 19 o los 21. Estudian, quizá trabajan los fines de semana, pero viven con sus padres. Lo único que cambia exactamente con la mayoría de edad en nuestra cultura es que si los adolescentes cometen un delito, ya son plenamente responsables de él. Y, claro, que tienen la posibilidad de elegir a los representantes políticos que nos van a gobernar, y visto que los adolescentes saben tanto como los adultos del deterioro abrumador de la clase política, el poder ejercer un derecho como el de votar no es lo que más ilusión le hace a un adolescente hoy en día.

«QUIERO SACARME EL CARNET DE CONDUCIR»

Sí que es cierto que reclaman su derecho a poder conducir. Y aquí hay que tener cuidado porque tener o no tener el carnet de coche o moto se ha transformado últimamente en una moneda de cambio peligrosa. No le ofrezca nunca a su hijo un carnet a cambio de unas buenas notas escolares. Su hijo tiene que aprobar sus estudios porque ese es su trabajo. Esa es su misión a esta edad. Otra cosa es que usted le ofrezca que llegada su mayoría de edad puede obtener un permiso que a la larga le brindará mayor autonomía y la posibilidad de desplazarse solo. Pero no ofrezca permisos o vehículos a cambio de notas. Esto confunde a los jóvenes y les hace pensar en las relaciones paternofiliales como en un funcionamiento de premios más digno de un programa de fidelización de un supermercado que una función parental.

«¿TENGO QUE SENTARME A DARLE UNA CHARLA SOBRE LO QUE SUPONE SER MAYOR DE EDAD?»

No está de más que le recuerde sus derechos y obligaciones legales. Pero piense que su hijo seguirá siendo un adolescente. No son adultos más que ante la Ley. Mientras su hijo permanezca en estado de dependencia económica y psicológica frente a los padres seguirá siendo adolescente desde un punto de vista práctico. Además, no creo que los padres tengan mucho que explicar, porque los hijos ya lo saben todo sobre sus derechos legales. Muchos chicos en mi consulta me dicen poco antes de cumplir sus 18 años: «Me hace ilusión porque mis padres ya no tienen que justificar mis ausencias en el instituto.» Para muchos adolescentes, alcanzar la mayoría de edad implica este tipo de privilegios. Un joven a punto de cumplir los 18 años ya sabe que será mayor de edad y algunos abusan de esta condición: «Ahora si quiero me puedo ir del instituto firmando yo mismo mi justificante.» Algunos van a su instituto con la actitud desafiante de quien puede cambiar el mundo.

Muchos porteros, secretarias y profesores de instituto saben perfectamente de lo que hablo: es como un rito de iniciación. «Voy a demostrar que puedo ejercer mis derechos, que ya soy mayor de edad.» Una reacción típicamente adolescente...

La verdad es que hay algo contradictorio entre ser un adolescente a todas luces desde el punto de vista psicológico, pero, en cambio, tener los mismos derechos y deberes que un adulto. El problema, como decía en la introducción, es que cada vez la adolescencia se alarga más.

La mayoría de las sociedades tienen y han tenido ritos simbólicos que marcan el pasaje de la infancia a la adolescencia. Generalmente son ritos que indican una muerte (el adolescente) y un renacer (el adulto). El rito simbólico en occidente es ser mayor de edad a los 18... Pero no significa mucho más que una cuestión legal, y comprobamos que los chicos pueden estar muy maduros para algunas cosas y muy verdes para otras. En otras épocas la mili obligatoria para los hombres marcaba un verdadero hito en los adolescentes, que, obligados a marchar de casa (muchos por primera vez), veían cómo se les caía el mundo encima. Era casi un clásico que los primeros brotes psicóticos se produjeran en la mili.

La entrada en la Universidad y en el mundo laboral deberían funcionar como un momento vital y de cambio, pero, a pesar de las incomodidades de la adolescencia, los chicos de hoy le terminan encontrando el gusto a apalancarse en casa. Y los padres tienen mucha responsabilidad en ello. A muchos padres les encanta (aunque no lo reconozcan) que su hijo siga dependiente de ellos y se quede en casa. Lo bueno es que pudieran irse de casa: esto marcaría la verdadera mayoría de edad. Irse y mantenerse solos.

EPÍLOGO

«¡No me vengan con conclusiones!»

Esta es una hermosa frase dicha por una chica de 17 años, mientras sus padres le esgrimían unos argumentos imposibles de entender desde su lugar. Su frase puede ser la dicha por cualquier alumno de cualquier instituto de cualquier país. Una reclamación a maestros, educadores, padres, psicólogos y cualquier otro adulto que demuestre desde su actitud que «no hay nada más que decir sobre el tema». Para mí hay un factor muy importante en la relación entre padres e hijos: mantener una puerta de diálogo siempre abierta, pero sin trampas. A veces nos encontramos con posturas que pueden dar lugar a malos entendidos. Padres que nos dicen que «yo quiero ser muy amigo de mis hijos y dialogo mucho con ellos». Muchas veces no reflexionan sobre lo que realmente quieren decir con esto y sobre lo que realmente quieren de sus hijos. Los adolescentes necesitan que sus padres sean padres y se relacionen con ellos desde ese lugar. En muchas familias, los jóvenes saben lo que piensan los padres, pero no lo que sienten los padres sobre lo que piensan, o lo que hacen, o cómo se sienten de verdad. Así como muchísimos padres o educadores no tienen la menor idea de cómo se siente un joven en un momento determinado de su vida. Hay padres que acosan a los hijos a preguntas que estos se ven compelidos a responder. Y dialogar no es simplemente recabar información. Y además hay que recordar que es el mismo adolescente el que tampoco sabe lo que le pasa y lo que siente y por eso no lo puede explicar.

Evidentemente, no existe un modelo de relación. Hay tantos modelos posibles como relaciones. Pero lo que debemos tener en cuenta sobre todas las cosas a la hora de intentar aproximarnos al mundo del adolescente es a sus protagonistas. Hay que escucharles, intentar entenderlos, escuchar también al adolescente que fuimos nosotros mismos... pero, sobre todo, a ellos mismos.

Y respetarles sus tiempos. En psicoterapia esto es muy frecuente. Ningún terapeuta experto en adolescencia esperará que el joven se abra desde la primera entrevista. Como un animal que entra en una selva desconocida, el adolescente se toma su tiempo en relación a los demás. Necesita comprobar hasta dónde llega la confianza, el secreto, la intimidad, el respeto. Muchos chavales cuentan decepcionados que le contaron a su madre que les gusta tal chica del cole y poco tiempo después se enteran de que ya lo saben sus tíos o amigas de la madre. Si un padre no va a ser capaz de guardar un secreto, mejor que se lo diga a su hijo y no le prometa que se lo guardará. En psicología esto explica por qué es tan importante el secreto profesional, y los padres deben aceptar que el psicólogo de su hijo no les va a contar todo.

Otra cuestión importante sobre las «conclusiones». La adolescencia es una etapa de grandes cambios, un verdadero terremoto físico y emocional. Todo se mueve. La experiencia nos muestra que hay que saber escuchar, entender y esperar, y que muchas veces se producen grandes cambios en situaciones que uno creía muy estancadas.

Por eso «concluir» está asociado a «esto es así» y en la vida lo que hoy es así puede ir variando, cambiando, madurando... Me gustaría lanzar un mensaje en contra de los diagnósticos cerrados: este chico es un TOC, un TDAH, un depresivo, un bipolar... Tienden más a etiquetar y encerrar al chico que a abrir y lograr cambios. Hay que acercarse al adolescente con la idea de «ahora pasa esto», mañana vamos a ver...

Podría contar muchos casos... Es una de las ventajas de llevar muchos años en la profesión, que me permite hacer un seguimiento de casos. Conozco a adultos que fueron adolescentes adictos a drogas y que ahora son brillantes profesionales, depresivos que son excelentes artistas, fracasos escolares que son brillantes escritores. Nada está terminado, el psiquismo es muy plástico y dinámico.

Hay que darle un lugar al futuro, a un proyecto de futuro, a la llegada de una madurez sana que, entre otras cosas, implica no perder nunca en la vida esa parte adolescente, tumultuosa y pasional que todos llevamos un poco dentro.

Índice

OTROS TÍTULOS
DEL AUTOR

EL RETO DE SER PADRES

JOSEPH KNOBEL FREUD

La paternidad es un «oficio» maravilloso… pero tiene sus complicaciones. ¿Qué puedo hacer si mi hijo está deprimido?, ¿y si sufre acoso escolar?, ¿y si suspende en la escuela?, ¿y si tengo poco tiempo para estar con él?, ¿y si acabo de separarme de mi pareja?, ¿y si no hay forma de que obedezca?, ¿y si…? Muchas veces no es sencillo encontrar la forma adecuada de actuar.

En *El reto de ser padres*, el psicoanalista de niños Joseph Knobel Freud comparte su experiencia de treinta años ayudando a padres e hijos a superar sus problemas. Un libro que es mucho más que una guía con consejos para los diferentes retos a los que se enfrentan los padres. Es, también, una invitación a tomarse un tiempo para reflexionar sobre la paternidad, un oficio que no es fácil pero que tiene una importancia extraordinaria.

«La vida es un camino de la dependencia total a la independencia total. Y, para lograrlo, es fundamental el papel que desempeñan papá y mamá.»